Cómo ser libres de la vergüenza del pasado

CÓMO SER LIBRES DE LA VERGÜENZA DEL PASADO

MIKE FEHLAUER

CASA CREACIÓN

Cómo ser libres de la vergüenza del pasado
Por Mike Fehlauer

Título original de la obra en inglés:
Finding Freedom from the Shame of the Past

Impreso en los Estados Unidos de América
ISBN 0-88419-607-0

Casa Creación
Strang Communications
600 Rinehart Road
Lake Mary, Fl 32746
Tel (407) 333-7117 - Fax (407) 333-7147
Internet http://www.strang.com

Traducido por Silvia Sieburger

Primera edición en español, 1999

Este libro está dedicado a...

...mi Padre celestial:
Cuando viste a este hijo pródigo asomando su cabeza allá en el horizonte, te reuniste conmigo cuando yo «aún estaba lejos».

...mi bella y fiel esposa, Bonnie:
Querida, tú eres una increíble compañera y mujer de Dios. Él te ha utilizado para cambiar mi vida. Te amo.

...mis dos hijos, Janae y Josiah:
Quizás no se den cuenta cuánto gozo me brindan ambos. Estoy orgulloso de ustedes. En varias ocasiones me he sentido desafiado por vuestro hambre de Dios. He aprendido mucho de ustedes.

...mi familia:
Mamá y Papá, ustedes me han apoyado mucho. Doug y Toni, ustedes me han brindado mucho ánimo y mucha fe. Son lo mejor del mundo.

AGRADECIMIENTOS

Robb y Linda Thompson, gracias por estar conmigo y por suministrarme un ambiente de amor, aceptación y perdón. Robb, gracias por creer en mí, aun cuando yo no creía en mí mismo, y por predicar el mensaje de la gracia de Dios de una manera tan intransigente.

Los hombres que trabajaron conmigo en el East Coast Christian Center (Centro Cristiano de la Costa Este), el Cielo ha registrado vuestros actos de bondad, misericordia y sabiduría. Dave, eres un verdadero ejemplo de fidelidad y estabilidad. Ray, tu amor me cubrió y me protegió a tus propias expensas, demostrando tu carácter y amistad. Eric, te podrías haber ido, pero elegiste quedarte. Dan, has sido un poderoso instrumento de restauración.

Andrew y Jamie Wommack, gracias por darnos tanto ánimo cuando Bonnie y yo comenzamos una nueva etapa en nuestra vida y en nuestro ministerio. Me han desafiado a vivir con simplicidad, integridad y sinceridad.

Nuestros compañeros, quienes apoyan a Foundation Ministries con sus oraciones y su dinero, gracias por reconocer las vidas que estamos cambiando juntos.

Pastor Ted Haggard y New Life Church (Iglesia Nueva Vida), es un honor ser parte de esta maravillosa congregación. Nos ha cambiado la vida. Gracias, Ted, que cuando Tom Freiling te preguntó a quién debería publicar Casa Creación, me nombraste a mí. Gracias por crear un gran hambre por la oración y por expandir nuestra visión. Nos sentimos gozosos de que seas nuestro pastor.

Steve y Joy Strang, y Tom Freiling, gracias por creer en mí y en este mensaje. También le agradezco al personal de Casa Creación por ayudarme a armar este proyecto.

Dave Roberson, gracias por mostrarme cómo dar libertad a mi Maestro para que me enseñe, y por abrirnos las Escrituras en una forma tan poderosa.

ÍNDICE

PRÓLOGO

Me preparaba a salir de mi oficina. Iba a Praise Mountain (Montaña de Alabanza) por tres días de oración y ayuno junto a mi hija de dieciséis años, Christy. Miré fuera de la ventana y la vi parada pacientemente junto a mi auto, esperándome. Al mirarla con atención, mi corazón se conmovió cuando mi amor y mi apreciación por ella emergieron a la superficie. Sabía que era un regalo; era muy especial. También sabía que podía darle un fundamento sólido para la vida si elegía vivir bien, o que podría tontamente llenarla de vergüenza, dolor e inestabilidad para el resto de su vida si tomaba decisiones equivocadas. En ese momento sabía que nunca había querido hacer o decir nada que pudiera lastimarla, o jamás permitirle a nadie que lo hiciera. Me di cuenta, tanto en mi corazón como en mi mente, que ella era digna de que yo viviera y muriera por ella.

Todos los cristianos que conozco están familiarizados con estas emociones. He observado cómo todas las personas experimentan los mismos sentimientos: un pastor agradecido admirando su congregación; una madre conmovida por el recital de piano de su hija; un joven padre orgulloso de la actuación de su hijo en el montículo del lanzador de pelota; una pareja mayor mirándose con cariño. Estas son las emociones a las que Mike Fehlauer nos lleva en este libro. Nos anima a crecer en nuestra vida con Cristo y a manifestar gracia y dignidad. Nos enseña cómo resolver los momentos más difíciles de nuestra vida. Cuando nos sentimos tentados a ser egoístas, Mike nos enseña cómo realizar lo correcto, lo correcto para Dios y para la dignidad de aquellos que más nos aman.

Al rememorar aquel día en que observaba a Christy desde la ventana de mi oficina, me estaba dando cuenta de que a través de mi hija Dios había colocado una restricción en mi vida y me había dado un maravilloso motivo para vivir bien. Sé que debo tener extremo cuidado de vivir una vida digna de la admiración y el amor de otra persona. A causa de la responsabilidad de proteger su inocencia, sería torpe y necio no tener un estilo de vida puro y piadoso.

Creo que esta es una de las razones por las cuales Dios nos enseña a tener relaciones sanas. Nuestros cónyuges, amigos, familiares y otras relaciones dentro del cuerpo de Cristo son restricciones externas que nos motivan a desarrollar las restricciones internas necesarias para vivir una vida de integridad, una vida que es la misma tanto en privado como en público.

Habrá veces en que el enemigo del mundo nos tentará a fracasar, diciéndonos: «Dale; nadie se va a enterar», o «Hazlo sólo esta vez.» En momentos así debemos tomar una decisión muy importante. Cuando tomamos la decisión correcta experimentamos una gran sensación de victoria. Pero cuando tomamos la equivocada debemos saber cómo volver a ponernos de pie, edificando el apoyo externo y construyendo la dignidad interna con la esperanza de que, con Cristo, nuestras vidas pueden mejorar, y lo harán.

Demasiado a menudo, sin embargo, el atractivo del pecado persiste. Cuando Satanás tentó a Eva tuvo éxito porque era lo suficientemente astuto como para hacerle creer que su vida sería mejor si desobedecía a Dios. Desafortunadamente, las consecuencias del pecado son siempre mucho más trágicas de lo que esperamos. Lo que comienza con una simple consideración se convierte fácilmente en un estilo de vida de engaño y vergüenza. Como dice el antiguo adagio:

«El pecado te llevará más allá de donde quieres ir;
te costará más de lo que deseas pagar,
y te retendrá más tiempo del que te quieres quedar.»

La buena noticia es, por supuesto, que el poder de Dios es mucho más grande que el del pecado. En 1 Juan 1.7 la Biblia nos ofrece una progresión de tres pasos para liberarnos del pecado: «Si andamos en luz, como él está en la luz, tenemos comunión unos con otros, y la sangre de Jesucristo su Hijo nos limpia de todo pecado.»

Primero de todo, nuestra vida debe estar «en la luz». Esto significa que somos completamente honestos frente a Dios y a los demás. Todos debiéramos ser completamente francos en lo que respecta a nuestra vida. Todo cristiano necesita un amigo a quien poder contarle todo; cuando desnudamos nuestras almas y no escondemos nada, no existe posibilidad alguna de caer en pecado y engaño secretos.

Naturalmente, cuando sacamos nuestras vidas a la luz, podemos tener comunión genuina con otros creyentes. La inocencia que se produce cuando caminamos en la luz nos permite conectarnos con la gente, creando una fraternidad de cristianos con poder para alentarnos y amonestarnos unos a otros hacia una vida piadosa.

Luego, cuando ambos estamos en la luz y experimentamos verdadera comunión, la sangre de Jesús puede comenzar a fluir en nuestros corazones, purificándonos de todo pecado y llevándonos a un verdadero arrepentimiento, de modo que dejamos atrás al pecado de una vez por todas.

Hasta que esta progresión no esté completamente establecida en nuestra vida, continuaremos luchando en contra de la tentación y del pecado. Esa realidad implora que nos hagamos la siguiente pregunta: ¿qué hacemos cuando fracasamos? ¿Cómo regresamos al plan perfecto de Dios para nuestras vidas? ¿Cómo responder a su gracia en vez de sentir culpa y frustración?

Este es el dilema que Mike Fehlauer tan adecuadamente encara en el siguiente libro. Como un hombre honorable de Dios con una comprensión refinada y particular del favor no merecido de Dios, Mike ofrece una visión práctica del estilo de vida de gracia. Como pastor de Mike, sé que ha saboreado el fruto amargo de la vergüenza; y más importante aun, tal como lo demuestra este libro, Mike ha saboreado el maravilloso fruto de la bondad y el amor extraordinarios de Dios. Con cada página, los pensamientos de Mike acerca de la libertad y de la gracia resuenan desde un conocimiento profundamente personal de la obra de Cristo en la cruz.

Si está experimentando dolor, este libro es para usted. Si está lleno de vergüenza y de profunda pena, este libro es para usted. Si se niega a creer que un Dios santo puede perdonar a alguien como usted, este libro es para usted. Léalo con la comprensión de que ha sido invitado a mirar profundamente a los ojos de Jesús y dese cuenta de que Él lo ama en forma incondicional. Léalo sabiendo que Él desea abrazarlo, cambiarlo, y que lo llama a ser suyo. Léalo, y permita que su vida se renueve al permanecer en la maravillosa presencia de su amor.

—TED HAGGARD

Pastor, New Life Church (Iglesia Nueva Vida)

Colorado Springs, CO

1

Desde mi propia oscuridad

Es asombroso cuántos pensamientos aterradores se cruzan por la mente cuando uno se está apuntando la cabeza con una pistola. *Si aprieto el gatillo, ¿escuchará alguien el disparo? ¿Cuánto tardarán en encontrar el cuerpo? Me está temblando la mano... ¿podré dar en el blanco?*

En mi caso, yo era el caso más improbable del mundo para estar sentado allí, en la oscuridad de mi automóvil, con una pistola Magnum .357 temblándome en la mano y apuntándome directamente a la cabeza. Después de todo, era el pastor de una iglesia exitosa y pujante del centro de Florida. Tenía una familia maravillosa, una bella esposa y dos hijos preciosos.

Por lo tanto, ¿qué estaba haciendo sentado al costado del camino, con el frío acero del cañón de la pistola apretado contra mi cráneo?

Al mirar al edificio de mi iglesia en la vereda de enfrente por el parabrisas empañado, pensé detenidamente acerca de las circunstancias que me habían llevado a ese momento tan confuso. Esa misma noche había programado un orador invitado, ¡y se suponía que yo lo iba a presentar! Pero, mientras miraba a los miembros de mi iglesia entrando en fila al edificio, estaba como pegado al asiento de mi auto, aterrorizado, sin poder moverme.

Cuatro años antes, mi esposa y yo habíamos llegado a la ciudad manejando un camión de mudanzas, con grandes expectativas de construir una iglesia. La vida no podría haber sido mejor. Éramos jóvenes, enamorados, y la idea de un nuevo pastorado llenaba cada momento con una emoción inusual. Después de registrarnos en un motel comenzamos a buscar de inmediato una casa para alquilar; en unas pocas horas la habíamos encontrado. Estaba en el bulevar principal de esa ciudad del centro de Florida y, a pesar de que el precio del alquiler era justo y conveniente, tenía todos los problemas lógicos de una arteria principal: ruido, tráfico y, lo peor de todo, botellas de cerveza y todo tipo de basura tirada a nuestro jardín. Pero eso no nos preocupaba; teníamos otros desafíos más importante que atender.

Comencé a pastorear la nueva iglesia y, con la multitud de responsabilidades asociadas con el nuevo cargo de liderazgo, nuestras vidas estaban llenas de nuevas emociones. Apenas teníamos tiempo para realizar trabajos en la casa, pero al poco tiempo —a regañadientes— decidí que era necesario controlar la basura que se estaba acumulando en el jardín del frente de nuestra casa.

Un sábado a la mañana me propuse enfrentar el problema de la basura: el resultado obvio de un estentóreo viernes a la noche frente a la playa. Estaba recogiendo las botellas de cerveza cuando percibí un libro tirado junto a la calle. Por curiosidad lo recogí y comencé a hojear sus páginas. No me llevó mucho tiempo darme cuenta que se trataba de uno pornográfico, no con fotos sino una colección de historias que de inmediato tallaron claras imágenes sexuales en mi mente. Tiré el libro, sin darme cuenta que las reproducciones mentales no se podían olvidar tan fácilmente.

Después de una o dos semanas esas imágenes comenzaron a regresar a mi mente con fuerza. Cuando lo pienso, recuerdo que la imagen fotográfica se vuelve más y más nítida cuando está siendo revelada. Estas imágenes se afianzaron cada vez más en mi subconsciente y comencé a despertarme en la mitad de la noche pensando en ellas. A medida que transcurrieron los meses, se convirtieron en lo primero que pensaba al despertarme a la mañana y lo último que me imaginaba cuando me iba a dormir por la noche.

Dado que era un pastor joven, luchaba para negar los pensamientos. Leía la Biblia y oraba, pero como no tenía ninguna experiencia sobre la lucha contra la pornografía o el pecado sexual, no sabía cómo lidiar con este problema más que a pura fuerza de voluntad, *lo cual descubrí que era un arma inútil para encarar tal enemigo.*

El campo de batalla estaba, incluso, inclinado en contra mía. A causa de la naturaleza particular de las leyes de obscenidad de este condado, existe una increíble variedad de servicios obscenos y pornográficos que se ofrecen a través de toda la región. A pocas cuadras de nuestra casa había clubs de *strip-tease,* salones de masajes, servicios de acompañantes, bares y librerías para adultos, cines sólo para adultos y mucho más. Por lo tanto, aun en mi paseo diario a través de la ciudad me veía expuesto a un aluvión de letreros y de anuncios que mantenían a esos deseos presentes en mi mente.

Al poco tiempo me atreví a penetrar en el mundo de las revistas y de los videos pornográficos. Durante mi hora de almuerzo... mientras mi esposa, Bonnie, estaba fuera... cualquier momento que podía estar solo me lo pasaba mirando revistas y videos. Me sentía abrumado por sentimientos de vergüenza. Bajo el peso de la culpa me prometía a mí mismo y a Dios que nunca más iba a ceder a esas oscuras pasiones ya tan familiares. Sin embargo, después de que el sentimiento de vergüenza se desvanecía, me encontraba nuevamente visitando aquellos lugares a los que había jurado nunca más regresar.

La fascinación avanzó hasta que tuve que experimentar

más de lo que una simple revista o vídeo me podían proporcionar.

ENTONCES FUI POR PRIMERA VEZ A UN SALÓN DE MASAJES...

Aterrorizado al principio, realicé dos o tres visitas iniciales sólo para preguntar sobre los precios, citas... cualquier cosa que se me ocurriera como excusa tan sólo para ir y echarle una mirada al lugar. Luego de varias semanas de esta actividad, finalmente hice una cita para tener una relación sexual, pretendiendo que era una cita para un masaje. Recuerdo mi nerviosismo cuando «mi anfitriona» me escoltó a través de un laberinto de pasillos. Recuerdo asimismo mi nerviosismo cuando entré en uno de los cuartos apenas iluminado. De inmediato percibí la mesa de masajes en el centro del cuarto. Más tarde descubrí que esto era sólo para dar una apariencia de credibilidad. Bajo la mesa había un estante con toallas apiladas en orden y una selección de diversos aceites y lociones. Una vez que quedé solo, una parte mía quería salir corriendo, pero el deseo y la curiosidad me mantuvieron allí parado ...esperando.

Al poco rato, una muchacha diferente, de apariencia más joven, vistiendo una falda corta, medias y tacos altos, entró en el cuarto. Estiró su mano por detrás de ella y cerró la puerta. Aun a la distancia me sentía abrumado por el olor a perfume barato. Comenzó a quitarse la ropa mientras que se me acercaba.

No me voy a olvidar jamás el malestar, la culpa y el terror que experimenté una vez que todo había terminado. El impulso a correr que había sentido antes regresó con la fuerza de un huracán. Salí a toda prisa del edificio, evitando la mirada de los siguientes clientes, con la esperanza de que ninguno de ellos me reconociera. En vez del «torrente sexual» que esperaba y que parecía ser la promesa de la industria sexual, lo único que sentía era disgusto y repugnancia. Mientras manejaba a mi casa, recuerdo que me puse a gritar. Continué gritando y derramando de lágrimas de angustia, hasta que llegué a mi casa. Caminé lentamente hacia adentro, ronco y avergonzado.

La primera experiencia le abrió las compuertas a una avalancha de pecado. Una vez le escuché decir a un evangelista: «Nuestras vidas van siempre en la dirección del pensamiento que más nos domina.» En mi caso, eso era una clara verdad.

Por extraño que parezca, durante este tiempo seguí manteniendo mis deberes pastorales. Aún predicaba sermones, visitaba a los enfermos y me ocupaba de los asuntos de la iglesia. Nadie en absoluto tenía idea alguna de mi doble vida. Al poco tiempo me di cuenta de que estaba atado, que era adicto a esos episodios de expresión sexual ilícita. Descubrí que la adicción sexual no es como la adicción a las drogas: ¡no deja rastros! No había marcas de agujas ni cambios físicos, ni letargo o señales de debilidad. Llevaba mi doble vida a toda máquina y no dejaba ninguna huella incriminatoria.

Hoy me doy cuenta que esta absoluta invisibilidad de la adicción sexual es una de las armas más poderosas de Satanás en la batalla. Una doble vida de pecado sexual deja una huella muy oscura, por lo tanto no hay gran posibilidad de que otros lo noten. Es bastante fácil darse cuenta cuando alguien está en un estado avanzado de adicción a la heroína o cocaína, pero es mucho más difícil en el caso del pecado sexual.

El asesino Ted Bundy, en el pabellón de los condenados a muerte de Florida, confesó que tenía la capacidad de compartimentar sus crímenes en su mente de manera tal que después de asesinar despiadadamente a una mujer se podía asear, ir al trabajo y actuar en una forma completamente normal. Por más horrible que parezca el compararse con alguien tan abiertamente maligno como Ted Bundy, comprendo ahora esa habilidad de compartimentar nuestros pensamientos en áreas claramente separadas de nuestra mente. Yo podía estar en mi oficina aconsejando a un miembro de mi iglesia y en menos de una hora estar sentado en un oscuro club de *strip-tease* lleno de humo.

Pensé en esa doble vida mientras estaba sentado en mi automóvil, en la acera de enfrente de mi iglesia. Le imploré a Dios que me matara o que por lo menos me hiciera invisible así podía desaparecer de mi familia, de mis amigos y seres queridos.

LUEGO ME ACORDÉ TAMBIÉN DE MI CRECIENTE PARANOIA

Parecía que mis aventuras se daban en ciclos de tres meses. Durante tres meses sentía alivio y vivía en libertad como pastor, hombre de familia y amigo. Pero luego Satanás sabía qué botones apretar. Podía ser un programa de televisión, un aviso en una revista o un comentario en la radio, pero fuera lo que fuera, me encontraba nuevamente dentro de una librería para adultos, en un salón de masajes o llamaba a un servicio de acompañantes.

A medida que mi iglesia continuaba creciendo, me era cada vez más difícil cubrir mis huellas. Sentía temor de que tarde o temprano alguien me viera en la «zona equivocada» o quizás entrando en un cine de adultos. Comencé a usar disfraces elaborados y trataba de usar puertas traseras y callejones.

LA PARANOIA CONTINUABA CRECIENDO...

Comenzó a controlar los asuntos de la iglesia. Comencé a discutir con amigos que amaba profundamente y me convertí en un déspota en las reuniones de la iglesia. Mi esposa lloró literalmente un río de lágrimas al tratar de descubrir el origen de mi sufrimiento y dolor, sin conocer la horrible realidad que fluía por debajo de mi personalidad furiosa que salía a borbotones como un río de lava hirviendo.

De manera trágica y previsible, esa actitud egoísta comenzó a separarme en forma sistemática de aquellos que podrían haberme ayudado. Incluso me distancié de mis amigos más cercanos. La presión era enorme; fue entonces cuando pensé que la única salida posible a mi dolor me la daría la pistola que ahora sostenía en mi mano.

Mientras estaba allí sentado en la oscuridad de mi auto, imágenes del pasado inundaron mi mente. El esconderse, los disfraces, la vergüenza, la desilusión, todo me asaltó como un furioso ejército de oscuridad. De alguna manera, y por la gracia de Dios, tenía tanto miedo de morir que no tuve el coraje de apretar el gatillo. Aún temblando, desmonté la pistola, la deposité cuidadosamente sobre el asiento y conduje el auto lentamente a mi casa a través de las lágrimas que me cegaban.

La implosión causada por mi conducta irresponsable y pecaminosa había logrado que mi vida se desmoronara a mi alrededor. Sentía que me sofocaba. Estaba solo y sin esperanza.

Esa noche le confesé, por fin, *todo* a mi esposa, Bonnie. Sin ocultarle nada, le conté la horrible historia desde el momento en que levanté el libro en el frente de nuestra casa hasta el momento que deposité el arma en el asiento del auto.

Por supuesto, ella estaba devastada. Yo esperaba que ella se fuera, que me cerrara la puerta en la cara y no volviera nunca más. Pero no había tomado en cuenta la profundidad de la entrega y dedicación de Bonnie a Dios, así como su gracia ilimitada en la presencia de una circunstancia tan horrible.

Sabía que la sanidad y el restablecimiento podían llevar años. Comencé a dormir en el sofá y sabía que a pesar de que existe perdón en la cruz, la reparación de las consecuencias de mi pecado iban a requerir mucho tiempo y un esfuerzo aun mayor.

A pesar de que fue uno de los períodos más difíciles

de mi existencia, en los años siguientes Dios comenzó a obrar milagros en mi vida y en la de mi familia. Junto con la determinación de mi esposa de no darse por vencida, Dios, en su gracia, nos ayudó a quebrar el cautiverio de esa horrible fortaleza y comenzar una nueva vida juntos.

Pero no sería fácil ni sencillo

Quizás una de las lecciones más importantes que aprendí como resultado de la obra de restauración de Dios es que una fortaleza es todo sistema de pensamiento destructivo. En mi caso, había peleado en contra de la fortaleza de los pensamientos, ideas y deseos sexuales. En otros casos, la fortaleza puede consistir en una intensa lucha en contra de las drogas, el alcohol, la violencia, el poder, la imagen propia, las finanzas o cualquier otro pensamiento de adicción que preocupe a la mente, al punto de convertirse en una obsesión. Por lo tanto, mientras que Cristo nos ofrece un perdón absoluto y salvación, nosotros debemos destruir la fortaleza mental que, a menudo, ha tardado años —y en ocasiones toda una vida— en construirse.

> «El amor y la gracia de Jesús me ayudaron a escapar de los tentáculos del pasado que me estrangulaban.»

Como resultado de las decisiones que había tomado, la mayor fortaleza que tuve que enfrentar fue la del pasado. Sabía qué clase de esposo debía ser. Sabía qué clase de padre deseaba ser. Estaba muy consciente de qué hombre de Dios quería ser. Pero ese hombre parecía estar a 1000 km. de distancia. Hubo un momento en mi vida en el que no podía encontrar la vía de escape de los tentáculos del pasado que me estrangulaban. Mas entonces, Jesús, con dulzura, comenzó a enseñarme principios de vida acerca de su amor y de su gracia.

Los principios que compartiré en este libro poseen la capacidad de liberar la gracia dinámica de Dios y traer restauración y liberación de la vergüenza del pasado en su vida. Estos principios también poseen la capacidad de establecer un patrimonio de rectitud en su vida y en su familia. Mi esperanza es que usted aprenda a costo mío. Si aplica estas verdades, ellas lo ayudarán a construir una base sólida para su vida y su familia, y establecerán el carácter y la fe necesarios para terminar con fortaleza la carrera de su vida con Cristo. Al seguir estos pasos, Dios, por medio de su gracia, me otorgó el poder para liberarme de la vergüenza del pasado.

2

La respuesta de Dios a la vergüenza

El recurrente oleaje bajo la barca la mece suavemente. El movimiento rítmico del lago produce un estado casi hipnótico y lleva los pensamientos de Pedro de regreso a aquella fatídica noche. Cuando los recuerdos comienzan a inundar su imaginación, él cierra sus ojos con fuerza y hace una mueca de dolor. Jesús les había advertido que las cosas iban a cambiar de repente. Los discípulos se habían dado cuenta, por fin, de que Él estaba hablando de su muerte. Sin embargo, Pedro, así como el resto de ellos, no podía aceptar este hecho. En un momento de pasión, había declarado en voz alta que moriría con Jesús si es que se llegaba a eso. «Lo dije en serio. Lo dije con todo mi corazón,» susurra Pedro bajo su aliento. Recuerda cómo todos se habían dispersado llenos de pánico mientras arrestaban a Jesús. Asimismo recuerda cómo él lo había seguido desde una cierta distancia. Era una noche fría, y el fuego ardiendo en la cercanía daba la apariencia de seguridad. De pie, junto al calor de la hoguera, el resplandor de las llamas echaba sombras a través del rostro de Pedro. Aún en la oscuridad, una mujer que estaba parada allí cerca pudo reconocerlo como uno de los discípulos del Nazareno.

Sentado en su barca, Pedro aún podía escucharse a sí mismo jurándole a la mujer que no sabía nada de ese hombre de Galilea. La parte más terrible de toda la noche, sin embargo, fue la manera en que Jesús lo miró en el instante en que lo negara por tercera vez. Cuando estaban llevando a Jesús por el patio, sus ojos se encontraron. Fue entonces cuando algo en Pedro se quebró. Se puso todo colorado y no pudo controlar las lágrimas ardientes que corrían a través de las arrugas de su rostro curtido por el sol.

Después de aquella noche, Pedro se imaginó que estaba acabado. Estaba seguro que todos lo iban a conocer como el cobarde que le dio la espalda al Maestro. No podía siquiera imaginar que pudiera ser perdonado, menos aun llevar adelante la obra que había comenzado con el Mesías. «Todo había terminado», concluyó pensando. Había fracasado. Las cosas nunca iban a volver a estar bien. *Él* no iba a poder volver jamás a estar bien. Entregado al enemigo silencioso de la angustia y la desesperación, Pedro decidió volver a lo que estaba haciendo cuando se encontró por primera vez con el hombre de los milagros: pescar. *La vergüenza del fracaso cala hondo.*

De repente, Pedro siente una mano en su hombro, lo cual hace que sus pensamientos vuelvan al presente. Gira su cabeza y recuerda que no está solo. Jacobo y Juan están allí con él en su barca de desesperanza.

La desesperanza: fruto de la vergüenza

Pedro había sido aplastado por el sentimiento de la desesperanza. *La desesperanza* es fruto de la vergüenza. Es el máximo fin de la tentación; no creo que la principal meta de Satanás cuando nos tienta con el mal sea llevarnos a cometer actos de pecado. Por favor, no me malentienda; el deseo de Satanás es conseguir que pequemos. Pero esta no es su meta suprema. Su meta suprema es que si caemos —o *cuando* caemos— en tentación, pueda él entonces traernos un sentimiento de desesperanza. Tal desesperanza nos despoja de toda expectativa de librarnos alguna vez del control demoníaco que ejerce sobre nuestras mentes y mandatos de nuestra carne.

Lo que ocurrió con Pedro es un ejemplo perfecto de ese método de autodestrucción. Cuando miramos la vida de Pedro, podemos ver el proceso canceroso de la desesperanza.

En el mismo instante en que Pedro, por una tercera vez, niega con toda vehemencia conocer a Jesús, Lucas 22.62 registra estas seis palabras: «Y Pedro, saliendo fuera, lloró amargamente.» Dentro de estas seis palabras podemos escuchar el tremendo dolor y la desesperación de un hombre que le ha fallado a Dios. Después de su negación vinieron la vergüenza y la repugnancia por su cobardía. La vergüenza produjo entonces desesperanza, lo cual trae como resultado tres actitudes autodestructivas.

La desesperanza produce resignación

Una vez que surgió la desesperanza, Pedro se resignó entonces a su fracaso. Se abandonó a la derrota. La desesperanza hará que perdamos de vista nuestra capacidad de conquistar nuestras pasiones. Proverbios 13.12 dice: «La esperanza que se demora es tormento del corazón; pero árbol de vida es el deseo cumplido."

Cada vez que surge la desesperanza, todo otro fracaso del pasado caerá como un torrente sobre nuestras mentes. Comenzamos a calcular cómo nos afectó cada fracaso y sacamos la conclusión de que nunca podremos vencer nuestras debilidades. «Para qué luchar», nos decimos. «He sido siempre un esclavo de mis deseos y tal parece que siempre lo seré.»

Esto es exactamente lo que Satanás desea que usted y yo pensemos. Él desea que nos rindamos a sus caminos de destrucción. El problema es que una vez que asumimos esa actitud, no nos podremos escapar jamás de la vergüenza del pasado. No podremos tampoco descubrir la confianza y la fortaleza que necesitamos para resistir las tentaciones actuales. Nos encontraremos en un ciclo de fracasos que nos dejará en un estado de destrucción y desesperación permanentes.

LA DESESPERANZA EXALTA NUESTROS PECADOS POR ENCIMA DE LA CRUZ

La desesperanza permite que nuestro pasado tenga la última palabra. Ya sea que represente algo que hemos hecho o que otros nos han hecho, la desesperanza le otorga al pasado un sitio de honor más elevado que la obra finalizada por Cristo. La desesperanza acepta lo natural (nuestro pecado o fracaso) por encima de lo sobrenatural (el sacrificio de Cristo en la cruz). Cuando perdemos la esperanza comenzamos a depositar mayor valor en nuestras acciones y en las de los demás, que en el supremo acto de amor de Jesús.

Cuando hacemos esto —conscientes o no— estamos deshonrando la cruz. Depositamos más fe en lo que ha ocurrido en nuestras vidas que en lo que ocurrió hace dos mil años en el Calvario. Este es el ejemplo supremo de orgullo. *El orgullo* es simplemente elevar nuestras opiniones y sentimientos por encima de la verdad de las Escrituras. Ellas declaran que hemos sido perdonados; la Palabra de Dios afirma que la sangre de Jesús nos limpia de todo pecado.

> *«Si confesamos nuestros pecados, él es fiel y justo para perdonar nuestros pecados, y limpiarnos de toda maldad.»*
>
> —1 JUAN 1.9

Su santa Palabra dice que a pesar de lo que alguien nos haya hecho, somos su gloria, su bien preciado, su suprema satisfacción.

La desesperanza nos roba nuestro propósito

La tercer cosa que hace la desesperanza es robar nuestro sentido de propósito. Una vez que perdemos la esperanza, perdemos la visión. Nuestro destino se ve empañado por los acontecimientos del pasado. Nuestros ojos se oscurecen y no podemos ver el futuro. Le ponemos oído sordo a las palabras de ánimo de nuestros amigos. Nuestros sentidos están eclipsados por nuestras ideas y razonamientos distorsionados. Las alentadoras palabras que leemos en las Escrituras nos significan poco y nada.

Al principio, hasta el apóstol Pedro se negó a aceptar el aliento de Jesús mismo. El Señor le profetizó que lo negaría, pero también trató de animarlo al decirle que, después de ser restaurado, sería un vaso utilizado para fortalecer a los demás. Después de la resurrección de Jesús, el ángel en la tumba le dijo a María Magdalena que le fuera a contar a los discípulos, *incluyéndolo a Pedro,* que Jesús había resucitado (Marcos 16.7). Jesús quería estar seguro de que Pedro sabía que él aún estaba incluido en la misión del Evangelio.

Lucas indica que cuando los apóstoles recibieron las palabras de María acerca de la resurrección de Jesús, «no las creían» (Lucas 24.11).

> *«Pero levantándose Pedro, corrió al sepulcro; y cuando miró dentro, vio los lienzos solos, y se fue a casa maravillándose de lo que había sucedido.»*
>
> —Lucas 24.12, *cursivas añadidas*

Sin embargo, aún después de todo esto, Pedro perdió su visión.

La respuesta de Pedro a la desesperanza

Él había perdido la esperanza de que Dios lo fuera a usar nuevamente, por lo que decidió volver a lo que estaba haciendo antes de conocerlo a Jesús.

Después de esto, Jesús se manifestó otra vez a sus discípulos junto al mar de Tiberias, y lo hizo de esta manera:

> *«Estaban juntos Simón Pedro, Tomás llamado el Dídimo, Natanael, el de Caná de Galilea, los hijos de Zebedeo, y otros dos de sus discípulos. Simón Pedro les dijo: Voy a pescar.»*
>
> —JUAN 21.1-3

Pedro había decidido volver a su antigua ocupación. Sin embargo, Jesús estaba decidido a demostrar su amor por él, y expresarle claramente que su propósito para con él no había cambiado.

Lo que Jesús realiza aquí es asombroso. El resto de esta increíble historia es uno de los más hermosos ejemplos del amor y de la gracia de Dios en las Escrituras. (Véase Juan 21.1-19.) Cuando observamos la intervención de Jesús en la vida de Pedro en este momento, es importante que comprendamos que lo que Jesús está por hacer es para el bien de Pedro. El fracaso de este hombre no ha cambiado el corazón de Jesús. Dios no ha cambiado de idea en cuanto a su discípulo. Aquí no se está por crear nada nuevo, excepto en el corazón de Pedro.

Cuando conoció a Jesús, quien le dijo que se convertiría en un «pescador de hombres», Pedro había estado trabajando toda la noche sin lograr pescar nada (Lucas 5.5). No había estado solo ese día; Juan y Jacobo lo habían acompañado, tal como ahora, cuando va a pescar luego de la resurrección de Jesús. Esta vez también han estado pescando toda la noche, pero la red no ha sentido ni una sola vez el tirón de un pez luchando por zafarse. Puede ser que en su aburrimiento, mientras esperaban que se llenaran las redes, conversaron acerca de los acontecimientos dramáticos de la semana pasada. El arresto de Jesús... la crucifixión... la forma milagrosa en que Él se les apareció.

Seguramente que Pedro trajo el tema de su negación.

Los rayos del sol se están asomando ahora por el este,

pintando las nubes de un amarillo brillante. Al iluminarse el cielo, los discípulos ven la figura de un hombre parado en la orilla. El extraño les grita:

—Hijitos, ¿tenéis algo de comer?

—No —le respondieron.

—Echad la red a la derecha de la barca, y hallaréis — les dijo el extraño.

Así lo hicieron, y la cantidad de peces era tal que la redes comenzaron a romperse por el esfuerzo.

Pedro comienza a pensar que esta escena le resulta extrañamente familiar. Estuvo pescando toda la noche... las redes están vacías... un extraño... una súbita pesca... En ese momento, Juan reconoce a Jesús y le dice de inmediato a Pedro:

—¡Pedro, es Él! ¡Es el Señor!

El alma de Pedro se detiene al instante. Con el corazón latiendo con fuerza y las ideas agolpándose en su mente, Pedro se zambulle fuera de la barca y comienza a nadar frenéticamente hacia el hombre. Durante todo el camino, estas ideas le inundan su mente: *¿Jesús? ¿Puede ser Jesús? ¿Puede ser, realmente, Él? ¿De esta manera? ¿Otra vez?*

Para cuando Pedro y los discípulos llegan a la orilla, Jesús ya tiene una fogata encendida. Cuando Pedro sale del mar y se acerca puede sentir el calor del fuego. El aire matutino es frío y Pedro comienza de inmediato a abrigarse con las llamas que giran alrededor de las brasas ardientes. El fuego también le resulta familiar. Se parece mucho a aquel junto al cual estuvo parado esa otra noche; esa noche que desearía olvidar.

Ni Pedro ni los discípulos entienden lo que está ocurriendo. Pueden, de alguna manera, intuir que existe un propósito para este acontecimiento, pero todavía no está claro cuál es.

Después de comer, Jesús se pone de pie y se dirige a Pedro. Todas las miradas están puestas en ellos dos. Lentamente, aspirando profundo, Jesús le pregunta:

—Pedro, ¿me amas?

—Sí, Señor, tú sabes que te amo —le responde de inmediato.

—Entonces, apacienta mis ovejas —le dice Jesús.

Pasan unos instantes y luego Jesús le pregunta por segunda vez:

—Pedro, ¿me amas?

—Sí, Señor, tú sabes... tú *debes* saber que te amo.

—Entonces, pastorea mis ovejas —le contesta Jesús.

Transcurren varios minutos. Luego Jesús mira a Pedro y fija la mirada en su rostro, mientras le pregunta por tercera vez:

—Pedro, ¿me amas?

Pedro está muy apenado. *¿Cuántas veces me tiene que preguntar lo mismo?*, piensa interiormente. Con la voz quebrantada por la frustración, Pedro le declara con mayor firmeza que nunca:

—Señor, tú lo sabes todo. Nada te es oculto. Tú debes saber cómo me siento... Sabes que te amo...

Las palabras de Pedro se arrastran como si de repente se hubiera dado cuenta del significado de ese momento. Unas pocas noches antes, tres negaciones descuidadas lo habían despojado de toda esperanza de que las cosas volverían a estar bien. Y ahora, tres veces, Jesús le está dando la oportunidad de declarar su amor. Las lágrimas le brotan al levantar la vista y verlo allí parado, sonriendo: «No se ha terminado, Pedro.»

> «VUÉLVASE DE LAS LLAMAS DE SU PASADO Y ABRÍGUESE JUNTO AL FUEGO DE LAS VICTORIAS DEL PRESENTE.»

Tampoco se ha terminado para usted. En su caso,

puede haberle fallado a Dios en una forma miserable. Durante años puede haber vivido su vida en una forma que niega haberle pertenecido. Como resultado, es posible que sienta que Dios ha perdido las esperanzas con usted, que lo ha tirado a la basura; que usted nunca volverá a encontrar ese lugar de paz y gozo, donde sabe que es perdonado y amado.

Quizás usted haya sido abusado/a sexual, física o verbalmente en el pasado. Satanás puede haberlo convencido de que es «mercadería fallada». Sin valor y sin merecer el amor y la felicidad verdaderos. ¡Esa es una mentira! No importa lo que haya ocurrido, Dios no ha cambiado *jamás* de idea con respecto a usted. El propósito que Él tiene para con usted no necesita estar envenenado por su pasado. No es la historia lo que determina su futuro, sino la forma en que usted responde a su pasado.

Permita que su Espíritu sople nuevamente en usted una nueva visión para su futuro. Deje que Él restablezca su ánimo y su valía. Regrese al lugar donde escuchó la voz de Jesús por vez primera. Al lugar donde su propósito para usted sonó como un trueno en su alma. Permita que el sol comience a brillar en la noche de su pasado. ¿Lo puede ver a Él? Está parado en las orillas de su vida. No se ha ido; no se ha olvidado de usted. Ha construido un lecho de brasas. Puede volverse de las llamas de su pasado y comenzar a abrigarse junto al fuego de las victorias del presente.

¿Vergüenza? No hay lugar para ella en el corazón de Dios. ¿Cuál es la respuesta de Dios a su vergüenza? Su amor, el cual declara que usted posee una valía inconmensurable. ¿Cuál es la respuesta de Dios a su culpa? La cruz y su sangre, las cuales le ofrecen perdón y lo limpian de todo pecado.

3

¿SE ENCUENTRA APRISIONADO POR SU PASADO?

La mayoría de las veces que pensamos en escapar de nuestro pasado, pensamos en relación a aquellas cosas que ocurrieron antes de conocer a Cristo. La verdad del asunto es que estamos constantemente lidiando con nuestro pasado. Es lo que ocurrió ayer, esta mañana, o hace apenas cinco minutos. En consecuencia, usted se da cuenta cuán importante es que constantemente estemos «olvidando ciertamente lo que queda atrás.» (Vea Filipenses 3.13-14.) Existen varios indicadores emocionales que pueden señalarnos nuestro aprisionamiento por el pasado. Deseo ocuparme de los tres más importantes.

SEÑALES DE ALERTA EMOCIONALES

ENOJO

El primer síntoma del cual percatarnos es el enojo. Este suele resultar cuando sentimos que hemos perdido el control de una situación o circunstancia. La vergüenza del pasado creará pensamientos de desesperanza, los cuales traerán como resultado la sensación de que nuestras vidas están girando fuera de control. Muchas veces el enojo es el resultado. Somos menos tolerantes con aquellos que nos rodean. Aun cuando el enojo es un intento de controlar una situación o un individuo con el cual no estamos complacidos, es en realidad un indicio de que no estamos complacidos con nosotros mismos o con nuestras vidas. Un predicador amigo mío, al cual considero un mentor, me dijo una vez que creía que había una correlación directa entre el enojo y la mentira. Muchas veces el enojo es un intento de encubrir ciertas áreas de engaño en nuestras vidas.

Es sencillo detectar un arranque de ira. Pero existe una expresión de enojo que es más difícil de reconocer. Debe verse también como una señal que nos indica que existe un corazón atribulado. Esta forma de enojo se llama *sarcasmo*. Cuando el enojo se vuelca para adentro se expresa a menudo como sarcasmo. Con frecuencia se oculta bajo el humor. A pesar de que parece inofensivo, tiene un perceptible «filo». El sarcasmo dispara sutiles dardos de críticas veladas, destinadas a degradar el blanco deseado.

En Efesios 4.26,27 leemos:

> *«Airaos, pero no pequéis; no se ponga el sol sobre vuestro enojo, ni deis lugar al diablo.»*

Estos versículos no nos están dando permiso para que tú y yo gustemos las emociones del enojo. Ellos dicen que cuando nos vemos confrontados por esta emoción dañina, debemos resolver el problema antes de que se acabe el día. Si no, le daremos lugar a Satanás, permitiéndole que nos atormente con nuestra propia amargura y desilusión cuando atacamos a aquellos que nos rodean.

En mi período de recuperación Dios comenzó a mostrarme el enojo que había formado parte de mi vida durante tantos años. Solía responder a la infracción o a la desilusión más insignificantes con una muestra explosiva de mi descontento, haciendo que Bonnie y los niños corrieran a refugiarse a un rincón de la casa para ponerse a salvo de mis diatribas verbales. Cuando comencé a lidiar con mi enojo, Dios, por medio de su gracia, me dio varios versículos sobre este tema. Uno era Proverbios 14.17. Dice:

> *«El que fácilmente se enoja hará locuras; y el hombre perverso será aborrecido.»*

Sin duda yo había hecho locuras en mi vida. Otro versículo que Dios me llevó a leer dice:

> *«Mejor el que tarda en airarse que el fuerte; y el que se enseñorea de su espíritu, que el que toma una ciudad.»*
>
> —Proverbios 16.32

Esto me hizo pensar en aquellos hombres de la historia que han gobernado naciones pero que no han podido gobernar sus propias vidas ni pasiones. A la larga, esta falta de autocontrol les había costado el reino.

El síndrome de Elías

Un segundo síntoma emocional de que estamos aprisionados por nuestro pasado es lo que denomino «el síndrome de Elías». Es la forma de pensar que nos conduce a la mentalidad de víctima. Es extremadamente peligroso para cualquiera. He observado cómo paraliza la eficacia de muchos cristianos maravillosos y sinceros. Lo vemos demostrado en la vida de Elías mismo. Este síntoma está expuesto en el servicio infame descrito en 1 Reyes 18.21-40, la confrontación entre Elías y los profetas de Baal.

No era un servicio común y corriente...

La multitud estaba allí parada, como congelada por el suspenso, esperando ansiosa lo que habría de ocurrir luego. Era un momento de definición para todos. El poder de la oración puesto a prueba... la autoridad del Reino de Dios, para la mayoría presente, estaba siendo cuestionada.

El dios que respondiera con fuego sería el único verdadero.

Después de horas de clamores inútiles de los profetas de Baal, Elías oró. Sobrevino un estallido de llamas, y cuando se dispersó el humo, la ofrenda de Elías no era más que una mancha negra sobre el altar. Las lenguas de fuego celestial lamieron el suelo y lo secaron, y 450 profetas de Baal yacían inmóviles en una pila sangrienta.

Sin embargo, para cuando terminamos de leer el versículo 19.9, vemos a un Elías diferente.

> *«Y allí se metió en una cueva, donde pasó la noche. Y vino a él palabra de Jehová, el cual le dijo: ¿Qué haces aquí, Elías? Él respondió: ... sólo yo he quedado, y me buscan para quitarme la vida.»*
>
> —1 REYES 19.9,10

¡En sólo un instante, Elías pasó de deleitarse en la luz cegadora de la gloria de Dios a estar encogido de miedo en el rincón de una cueva húmeda y oscura! En un calabozo autoimpuesto, Elías se vio aprisionado por sus propios pensamientos de desánimo y desesperación.

Aunque los detalles pueden ser diferentes, hay una trama común que puede ayudar a explicar lo que nos ha traído a muchos de nosotros al mismo lugar que a Elías. La clave de qué lo llevó a él a la desesperación está en su respuesta, cuando Dios le preguntó por qué se estaba escondiendo en su santuario de autocompasión. Fíjese en lo que dice Elías en 1 Reyes 19.10:

> *«He sentido un vivo celo por Jehová Dios de los ejércitos; porque los hijos de Israel han dejado tu pacto, han derribado tus altares, y han matado a espada a tus profetas; y sólo yo he quedado, y me buscan para quitarme la vida.»*

Esta declaración es muy interesante a la luz de la respuesta de Dios a Elías, en cuanto a su solitaria cruzada para defender el Reino de Dios. Note lo que Dios dice en el versículo 18:

«Y yo haré que queden en Israel siete mil, cuyas rodillas no se doblaron ante Baal, y cuyas bocas no lo besaron.»

—CURSIVAS AÑADIDAS.

Cuando nos es difícil lidiar con el pasado, aun la más insignificante confrontación con cualquier tipo de obstáculo puede llevarnos a una de las mentiras más efectivas de Satanás: *que estamos enfrentando la dificultad solos.* La mentira dice que nadie puede entender por lo que estamos pasando. O la otra mentira: *nadie está tan mal como nosotros*. Como resultado de esto, nos encontraremos invadidos por una mentalidad de víctima. Comenzaremos en forma sistemática a separarnos de aquellos que Dios ha puesto en nuestra vida para ayudarnos y fortalecernos con consejos sabios. Entonces nos vemos abandonados a nuestros propios razonamientos e imágenes. Acrecentando aun más el problema, cuando llegamos a este punto esas imágenes están generalmente distorsionadas y son incorrectas. Cuando nuestros amigos tratan de animarnos y ayudarnos a ver la situación con mayor claridad, sus palabras no tienen ningún peso.

> «UNA DE LAS MENTIRAS MÁS EFECTIVAS DE SATANÁS ES QUE ESTAMOS ENFRENTANDO LA DIFICULTAD SOLOS.»

Me ocurrió a mí. Un domingo a la tarde en el año 1988, me encontraba emocionalmente inundado de odio hacia mí mismo, como resultado de los pecados secretos de mi pasado. Mi vida se veía marcada por el odio y la paranoia. Estaba seguro de que todos me odiaban; era un odio del que me creía merecedor. A través de las lágrimas, Bonnie trataba de razonar conmigo, implorándome que viera que esas emociones que me estrangulaban eran el resultado de mis propias percepciones torcidas. En mi mente, sus palabras no significaban mucho; estaba convencido que ella no podía comprender los demonios contra los cuales estaba luchando. Y ciertamente no se lo iba a contar.

Otra instancia sirve para ilustrar mi visión distorsionada de la vida. Un domingo a la mañana acabábamos de completar nuestro tiempo de alabanza. Una vez más me asaltó la paranoia. Cuando me puse de pie para orar, estaba seguro que todos en el santuario estaban allí sentados mirándome con desprecio. Después que terminé de orar y la congregación tomó sus asientos, me volví hacia Ray Goolsby, uno de los pastores y director de música, y le dije:

—¡Esta gente odia el sonido de mi voz!

No me voy a olvidar nunca la mirada de preocupación de Ray al preguntarme:

—¿En realidad crees eso, Mike?

—Sí, lo creo —le contesté.

Luego me di vuelta y, pretendiendo predicar el Evangelio, comencé a someterlos a un aluvión de palabras que sólo sirvió para revelar mi heridas y mi paranoia personales.

Como predicadores, muchas veces lo que pensamos que son sermones llenos de perspicacia no son más que conocimientos que hemos obtenido de los conflictos sin resolver dentro de nuestra propia alma. El escenario se convierte en nuestra plataforma para encontrar algún alivio a nuestro descontento y enfado. El púlpito se convierte en nuestra tarima personal y nuestra doctrina llega a ser una forma elaborada de razonamiento que justifica nuestras opiniones y fortalece nuestras posturas.

En la situación de Elías, el poder de Dios no había expuesto solamente la falsedad de Baal, sino también algunas falsedades en la mente de Elías. Una de ellas comprendía no sólo el superexagerado sentido de importancia de Elías, sino también el hecho de que él pensaba que estaba solo en la prueba. Toda vez que Satanás puede hacernos creer que nuestra situación, dificultades o tentaciones son únicas, nos puede desarmar dentro de los límites de nuestro estado de aislamiento autoimpuesto.

La falta de visión

El tercer síntoma de que estamos aprisionados por nuestro pasado es la *falta de visión*. Esto se caracteriza por la incapacidad de ver nuestras vidas en forma correcta. Esto afectará el sentido del propósito y la dirección de nuestra propia vida. La persona que está esclavizada por su pasado no puede tener una visión clara del futuro. En Filipenses 3.13, el apóstol Pablo declara una dinámica doble que es necesaria en la vida: «olvidando ciertamente lo que queda atrás, y extendiéndome a lo que está delante.» Es imposible extenderse para adelante con visión si no hemos aprendido a olvidarnos de aquellas cosas que quedan atrás.

Vemos el poder de la visión en Habacuc 2.2: «Escribe la visión, y declárala en tablas, para que corra el que leyere en ella.» La visión brinda un sentido de propósito que va a proporcionar siempre dirección para nuestras vidas. Sin ella, nos convertimos en esclavos de las circunstancias y de las opiniones de los hombres. Le preguntaron cierta vez a Hellen Keller qué sería peor que haber nacido ciega. Ella respondió rápidamente: «Tener vista y no tener visión.» Cuando tenemos un sentido claro de la visión para el llamado de nuestra vida, no corremos tanto el riesgo de malgastar nuestra energía en distracciones inútiles y modas innecesarias. Vivir en el pasado nos roba nuestra visión para el futuro.

CÓMO ESTABLECER LOS VALORES DE VIDA

Una visión clara de nuestra relación personal con Jesús nos permitirá correr con dirección y convicción. Cuando descuidamos nuestra relación personal con Cristo, nuestra visión de quién y qué somos en Él carece de la claridad y la convicción necesarias para tomar decisiones que protegen nuestra integridad y brindan lo mejor de Dios a nuestras vidas y familia. Observe Proverbios 29.18:

> *«Sin profecía el pueblo se desenfrena; mas el que guarda la ley es bienaventurado.»*

Cuando hay falta de visión, el resultado es lo que denomino un «conflicto de valores». Así como nuestra visión sirve como brújula, dándole a nuestras vidas una dirección clara, nuestros valores sirven para un propósito similar. Cuando perdemos nuestra visión, no poseemos más claridad acerca de cuáles son nuestros valores. La Palabra de Dios determina cuáles debieran ser estos, pero para experimentar el beneficio de ellos, deben, por medio de la obra del Espíritu Santo, ser interiorizados e integrados en nuestro proceso diario de tomar decisiones.

Observe lo que escribe el apóstol Pablo en Filipenses 1.9,10:

> *«Y esto pido en oración, que vuestro amor abunde aun más y más en ciencia y en todo conocimiento, para que aprobéis lo mejor, a fin de que seáis sinceros e irreprensibles para el día de Cristo.»*

En estos dos versículos Pablo comparte el secreto de cómo encontrar la capacidad para elegir correctamente en la vida.

La Biblia de las Américas nos da una comprensión adicional de lo que Pablo está realmente diciendo:

«Y esto pido en oración: que vuestro amor abunde aun más y más en conocimiento verdadero y en todo discernimiento, a fin de que escojáis lo mejor, para que seáis puros e irreprensibles para el día de Cristo.»

Pablo dice que él está orando para que, como resultado de la intimidad y profundidad del conocimiento de Jesús, el amor de ellos madure, dando como resultado un discernimiento más pronunciado en cuanto a los asuntos de sus vidas. Por consiguiente, como dice en el versículo 10, este mayor discernimiento les permitirá entender qué es de *verdadero valor* en la vida. Descubrir lo que en verdad tiene valor es el secreto para encontrar la fuerza para hacer las buenas decisiones en la vida.

EL PODER DE LAS ELECCIONES

No puedo enfatizar lo suficiente el impacto que tienen nuestras elecciones en nuestra vida. Hoy en día, nuestras vidas son la culminación de lo que hemos elegido ayer. Aun a pesar de que hay perdón y restauración a través del amor de Dios, muchas situaciones acarrean consecuencias, ocasionadas por nuestras elecciones, con las cuales debemos vivir. Nuestras decisiones no sólo afectan nuestras vidas, sino también las de los demás. En realidad, nuestras decisiones afectan aun a aquellos a quienes ni siquiera hemos conocido.

Esto me recuerda una historia que nos contó nuestro pastor, Ted Haggard, un domingo por la mañana. Bonnie y yo nos acabábamos de mudar a Colorado Springs y habíamos comenzado a ir a New Life Church (Iglesia Vida Nueva). El Pastor Ted nos relató un incidente que le había ocurrido cuando estaba en la facultad en la Universidad Oral Roberts. Había escuchado acerca de la persecución de los cristianos en Albania. Uno de los métodos usados era llevar a los cristianos a la orilla del mar, meterlos adentro de barriles y luego empujarlos mar adentro. Seguidamente, los soldados comenzaban a dispararle a los barriles. Como se podrá imaginar, ocurría una de dos cosas. O los cristianos eran acribillados cuando las balas penetraban en los barriles, o, si por casualidad las balas no los alcanzaban, el barril perforado por las balas comenzaba a llenarse de agua y a hundirse, de modo que estos queridos santos se ahogaban. A menudo, los perseguidores traían a los familiares de los cristianos y los obligaban a dispararle a los barriles que contenían a sus seres queridos.

El Pastor Ted dijo que después de escuchar esto, salió a tropezones del dormitorio de la universidad y, yendo afuera, comenzó a orar. Una de sus oraciones fue esta: «Dios, te ruego; úsame algún día para ser parte de la respuesta a las oraciones que se elevan de esos barriles.» Él dijo que en los años recientes había existido un incremento en el número de personas que en Albania habían expresado interés en el Evangelio. Su punto era que sería arrogante atribuir el mover de Dios a un ministerio u organización. La verdad del asunto es que había personas que años atrás, cuando se vieron enfrentadas a una gran tribulación, eligieron no enojarse, ni amargarse, ni desesperanzarse. En cambio, oraron que la Palabra de Dios corriera libre en los corazones de todos los albaneses. Ahora estamos recogiendo la cosecha que otros han sembrado.

Este es el punto: no estamos solos. Estamos intrínsecamente conectados como el Cuerpo de Cristo. En Hebreos 11.40 leemos: «...proveyendo Dios alguna cosa mejor para nosotros, para que no fuesen ellos perfeccionados aparte de nosotros.» Justo antes del versículo 40, leemos acerca de las terribles persecuciones que sufrieron los cristianos primitivos a causa del Evangelio. A pesar de que ellos soportaron ciertas persecuciones y peligros que nosotros jamás tendremos que enfrentar, aun el martirio, ¡el versículo 40 dice que ellos no deberían ser perfeccionados aparte de nosotros! Estamos juntos en todo esto.

Hebreos 12.1 continúa diciendo:

> *«Por tanto, nosotros también, teniendo en derredor nuestro tan grande nube de testigos, despojémonos de todo peso y del pecado que nos asedia, y corramos con paciencia la carrera que tenemos por delante.»*

Lo que elegimos hoy afectará no sólo nuestras vidas, sino también las de los santos que han ido delante nuestro. ¡Su perfección está ligada a la forma en que corramos nuestra carrera! La finalización de lo que ellos creían y para lo cual murieron depende de nosotros.

Dios tendrá una iglesia, un pueblo que terminará la carrera. La pregunta es: ¿Seremos nosotros parte en lograr que se cumplan sus propósitos? Lo esencial es que nuestra vida importa. ¡Usted no es insignificante! No importa cuál sea su ocupación en la vida, puede hacer una diferencia. *Alguien confía en que usted tome la decisión correcta en el día de hoy.*

Somos hechos a la imagen y semejanza de Dios. Esto involucra varias cosas. Una de ellas es que nosotros, al igual que Dios, tenemos libre albedrío. Estoy convencido de que no importa cuán poseída esté una persona por demonios, nunca pierde su capacidad de elegir. Asimismo, Dios nunca invalidará el libre albedrío de nadie.

De la misma manera, Satanás no puede usurpar el poder de elección de una persona. Enfrentados a una circunstancia cualquiera, Dios nos ha dado la capacidad de elegir cuáles serán nuestros pensamientos y acciones. No somos animales; no operamos por instinto. Dios nos ha dado su capacidad para tomar las decisiones de la vida.

Es importante que comprendamos que nuestras decisiones afectan a personas que conoceremos dentro de cinco años. Usted y yo debemos estar en el lugar elegido por Dios en los años venideros. Tenemos que estar allí para encontrarnos con las personas que Dios ha determinado poner en nuestro camino.

Uno de los resultados del dolor del pasado es que tenemos la sensación de que nuestras vidas ya no le son de ninguna utilidad a Dios, o, en realidad, ¡a quien sea! El deseo de Satanás es despojarnos de toda esperanza para el futuro por medio del sentimiento de culpa del pasado. La verdad del asunto es que sin importar lo que haya ocurrido en el pasado, ¡usted tiene ahora la oportunidad de hacer que las cosas sean diferentes! Usted es importante para Dios, así como también lo es para los demás. Nunca es demasiado tarde para elegir creer en el futuro que Él tiene para usted.

EL PODER DE LOS VALORES DE LA VIDA

Es evidente que nuestras elecciones acarrean poderosas consecuencias. Podemos saber de manera instintiva que nuestra vida es la suma total de nuestras elecciones. Comprendemos que nuestra vida, como un navío en el océano, ha sido piloteada por el timón de nuestras decisiones. En consecuencia, en nuestro deseo por corregir los errores del ayer, deseamos lanzarnos a las profundidades de las elecciones de Dios. Sin embargo, la mayoría de las veces no vamos más allá de las orillas de las buenas intenciones. Para poder descubrir el proceso divino para elegir lo correcto en la vida, echemos una mirada nuevamente a lo que el apóstol Pablo dice en Filipenses 1.10:

> *«Para que aprobéis lo mejor, a fin de que seáis sinceros e irreprensibles para el día de Cristo.»*

Dentro de este versículo vemos un principio increíble: así como nuestras vidas son un reflejo de nuestras elecciones, *estas son un reflejo de nuestros valores.*

Por ejemplo, la organización Promise Keepers (Los cumplidores de promesas) es maravillosa. Gracias a Dios por la visión de Bill McCartney de inspirar a hombres de todo el mundo a elevar el nivel de santidad y de amor. En cada reunión de Promise Keepers se desafía a los hombres a comprometerse a cumplir siete promesas. Miles de hombres se congregan en estadios a través de todo Estados Unidos y, con todas las mejores intenciones del mundo, prometen vivir sus vidas de acuerdo con estas siete promesas.

Les puedo garantizar que la mayoría de esos hombres van a quebrantar una —si no todas— de las siete promesas en un mes. ¿Es acaso porque no fueron sinceros cuando las realizaron? ¡Por supuesto que no! Sospecho que todos fueron muy sinceros. Pero la sinceridad no alcanza en la vida.

El error que cometemos cuando realizamos un gran esfuerzo para tomar las decisiones correctas es que ponemos el proverbial «carro delante del caballo». Durante años me vi atormentado por mis sentimientos de fracaso y no encontraba nunca la fuerza para hacer las elecciones que yo sabía que eran necesarias. Sabía perfectamente qué elecciones debía hacer. Sabía que debía pasar más tiempo con los niños, que debía amar y apreciar a mi esposa más que a mí mismo. Pero a pesar de saber qué debía hacer, aun haciendo promesas de cambiar, descubrí que no tenía el poder de ir adelante con mis buenas intenciones.

De acuerdo con Filipenses 1.10, en vez de concentrar nuestra atención en lo que elegimos, necesitamos concentrarla en establecer los valores que van a regir nuestras vidas. El secreto está en comprender el hecho de que no poseemos el poder de voluntad necesario para establecer estos valores en el alma. Con toda humildad, debemos pedirle al Espíritu Santo que nos infunda su aliento y que consolide estos valores en nuestro corazón. Eso es lo que quiso decir Pablo cuando dijo que a partir de un conocimiento más profundo con Jesús tendríamos un mayor discernimiento, el cual nos permitiría aprender a comprender lo que es realmente de valor. Aquí es donde comenzamos a arder con su visión para nuestras vidas, lo cual nos permite correr con la convicción menester. Solamente entonces hallaremos el poder para tomar las decisiones necesarias, aquellas que traerán como resultado un fluir de su vida en nuestros hogares y familias.

¡LOS VALORES DE NUESTRA VIDA TRANSFORMAN LAS BUENAS DECISIONES EN DECISIONES PIADOSAS!

Permítame que me explaye sobre cómo ha tenido todo esto un impacto en mi propia vida. A través de mi propio egoísmo y mi desobediencia a la Palabra de Dios, casi pierdo mi relación con Bonnie, Janae y Josiah. Como consecuencia de esto, la *familia* se ha convertido en un valor muy importante en mi vida. Cuando Dios me dio una visión para mi familia, se tradujo en un valor concreto. Este valor me sirve como parámetro para evaluar y tomar decisiones. He decidido regular mis horarios y sólo aceptar compromisos para hablar más que nada en los fines de semana. Cuando recibo invitaciones que implican estar fuera de casa por mucho tiempo, no me es difícil tomar la decisión: *directamente no lo voy a hacer.* Tengo dos hijos adolescentes en casa. El tiempo que Bonnie y yo tenemos para estar con ellos equivale a «un abrir y cerrar de ojos».

Pienso que los años de adolescencia son precarios. Es un período de tiempo muy especial. En este momento de nuestra vida como familia necesito estar en casa y ser parte de la vida diaria de mis hijos. Una vez que ellos crezcan y se vayan, Bonnie y yo tendremos mucho tiempo para viajar y para ministrar por todo el mundo. Aceptar invitaciones que me mantendrían alejado de mi casa por mucho tiempo violaría un valor muy real al cual me he comprometido. Mi *familia* es para mí en este momento mucho más valiosa que el reconocimiento temporario que me brinda el ministerio.

Como otro ejemplo, nuestro bien más preciado es nuestra integridad. Yo cambié mi integridad por algo que probablemente consistía en sólo unas pocas horas de placer sensual. Como resultado, la *integridad* se ha convertido en un importante valor en mi vida. Cuando se me presentan oportunidades que pondrían en peligro mi integridad, no tengo que orar mucho para elegir la honestidad, cueste lo que cueste. La decisión de elegir la verdad puede causar dolor en el momento, pero siempre dará buenos dividendos en el futuro. La integridad es más valiosa para mí ahora que las ventajas pasajeras que brinda el engaño.

Nuestras vidas son simplemente el reflejo de nuestra relación personal con Jesús. Si experimentamos síntomas de agotamiento, es porque hemos permitido que las exigencias de la vida desplacen nuestra primera prioridad, nuestra relación con Dios.

En Marcos 3.14,15 leemos: «Y estableció a doce, para que estuviesen con él, y para enviarlos a predicar, y que tuviesen autoridad para sanar enfermedades y para echar fuera demonios.» Nuestro primer llamado es estar con Él y conocerlo. En el pasado, cada vez que leía la Biblia u oraba, estaba pensando en el siguiente sermón que iba a predicar. Muy raras veces pasaba tiempo en esas disciplinas con el objetivo de enriquecer mi propia relación con Dios. Sin embargo, cuando recuperé el gozo de su amor por mí y mi relación con Él, entonces experimenté la gracia que necesitaba para enfrentar las exigencias de la vida.

Deseo animarlo a que le pida al Espíritu Santo que establezca sus valores para usted y para su familia. Camine a través de ese portal de amor y descubra una mayor intimidad con Jesús. Admita que usted no posee lo que se necesita para poder vivir de acuerdo a los criterios de Dios, y que nunca lo tendrá. Una vez que lo haga, ocurrirá algo dinámico. Él le dará el poder para que pueda tomar las decisiones que siempre quiso tomar, pero para las cuales nunca tuvo fuerza. Descubrirá que sus elecciones comenzarán a reflejar sus nuevos valores.

4

LAS BARRERAS DE LA FALTA DE PERDÓN

Creo que existen básicamente tres actitudes que le otorgan poder al pasado para que pueda tener un asidero en nuestras vidas. Estas actitudes son puertas de entrada a través de las cuales Satanás intenta penetrar en nuestras vidas con engaños que, en el mejor de los casos, neutralizarán nuestra eficacia. En el peor de los casos, nos destruirá por completo. Recibo cientos de llamados telefónicos cada año de personas de todo el país que no han podido escaparse de las sombras de su pasado. Sin excepción, una de estas tres entradas ha quedado abierta y sin resolver. Estas actitudes son falta de perdón y juicio, inseguridad y duplicidad. Los siguientes tres capítulos están dedicados a exponer estas áreas de debilidad y a revelar la fuerza que se encuentra en Cristo para vencerlas.

ESTADO DEL CORAZÓN Nº 1: LA FALTA DE PERDÓN.

La primer actitud que nos encadena al pasado es la *falta de perdón*. No existe nada que revele más la salud de nuestra relación con Dios que la forma en que reaccionamos frente a aquellos que nos han tratado mal. No existe nada que tenga un mayor potencial para envenenar nuestras vidas y sabotear nuestro futuro que la forma en que manejamos las ofensas.

Hay tres errores comunes básicos que funcionan como barreras para mantener una vida de perdón.

EL PERDÓN ES SIMPLEMENTE UN ACTO DE LA VOLUNTAD

Una vez que se nos ha tratado mal, nos vemos enfrentados a la posibilidad de tomar la decisión de perdonar; es decir, de liberar a la otra persona de su mala obra. Esto requiere un acto de la voluntad, por lo general en presencia de algunas emociones muy reales e intensas de dolor, desilusión y enojo. Muchos creen que el perdón se logra simplemente por medio de esta elección. Erróneamente presuponemos que el perdón se define por nuestra decisión de no devolver mal por mal.

Pero después que hemos elegido perdonar, debe aun haber una solución a las emociones perturbadoras de amargura, enojo, resentimiento y hasta algunas veces odio. Si no, experimentaremos el mareo de dar vueltas a través de la puerta giratoria de nuestras emociones, yendo del perdón a la falta de perdón más veces de lo que nos gustaría admitirlo. Estoy convencido de que muchos cristianos simplemente toleran al que los ha ofendido, en vez de perdonarlos en forma genuina.

El primer paso para experimentar esta obra es darnos cuenta de nuestra propia incapacidad ya sea para perdonar o para olvidar las ofensas. El alcanzar una solución a estas emociones requiere una obra sobrenatural del Espíritu Santo.

En Lucas 17.4, Jesús habla con respecto al perdón:

> *«Y si siete veces al día pecara contra ti, y siete veces al día volviere a ti, diciendo: Me arrepiento; perdónale.»*

La respuesta de los discípulos a este mandato aparentemente imposible fue: «Señor, auméntanos la fe...» En

Mateo 18.22 Jesús lleva esto varios pasos más adelante, cuando dice que debemos perdonar «setenta veces siete». Este mandamiento significa, simplemente, *siempre*, todo el tiempo, no importa cuán grande haya sido la ofensa.

Esta orden desacredita cualquier recurso que podamos tener dentro de nuestra propia humanidad. El perdonar indefinidamente a aquellos que nos han ofendido una y otra vez, desafía literalmente las leyes de la naturaleza humana. Jesús tenía la intención de que este mandato hiciera justamente eso, exponer la imposibilidad de poder perdonar genuinamente, dentro de nuestra propia fuerza, a aquellos que nos han maltratado. Requiere una obra sobrenatural de la gracia de Dios el amar al que nos ha ofendido y caminar libres de toda emoción ligada a la ofensa.

Permítame que le dé otro ejemplo. Jesús dijo en otro versículo más adelante: «Si tuvierais fe como un grano de mostaza, podríais decir a este sicómoro: Desarráigate, y plántate en el mar; y os obedecería» (Lucas 17.6). Limitados a las leyes de la naturaleza, es imposible desarraigar un árbol con tan sólo palabras. Sin embargo, dentro del contexto de esta oración, Jesús dice que existe gracia a nuestra disposición que trasciende las leyes de la naturaleza. Así como sería imposible por medio de nuestra propia fuerza desarraigar un árbol con sólo una palabra, de la misma manera es imposible perdonar de verdad. *¡El perdón es sobrenatural!*

Al depositar nuestra fe en Jesús, existe una gracia a nuestra disposición que puede trascender no solo la ofensa, sino también las dolorosas y feas emociones que nos atormentan. No solamente podemos elegir perdonar, sino también experimentar el amor de Dios por aquel que nos ha causado dolor.

Tom y Florence vivían en Springfield, en el estado de Illinois. Ambos eran fieles miembros de la iglesia en esa ciudad. Ahora que sus hijos estaban fuera de la casa, estaban anhelando los años que iban a pasar juntos como marido y mujer, haciendo todas esas cosas que habían planeado juntos. Todo eso cambió trágicamente cuando un sábado por la mañana Tom fue a ayudar a un amigo, dueño de varios departamentos, a realizar algunos arreglos en ellos.

Cuando Tom y su amigo estaban trabajando en un departamento de la planta baja, un hombre entró tempestuosamente en el departamento de arriba. Se veía por su expresión y por su mirada vidriosa que estaba drogado. Con un martillo en su mano y gritando acerca del ruido que provenía de una construcción en la zona, tomó a la persona más cercana y le pegó con el martillo en el cráneo. Momentos más tarde, el cuerpo sin vida de Tom yacía en el piso.

> «JUICIO ES EMITIR UNA SENTENCIA SOBRE LA VIDA DE ALGUIEN E INTENTAR ENCARCELARLO CON NUESTRAS PROPIAS OPINIONES.»

A causa de unos pocos momentos de locura causados por la droga, la vida de Florence cambió drásticamente. En el período que siguió a este horrible crimen sin sentido, el hombre fue arrestado, juzgado y condenado. Un tiempo después, Florence lo fue a visitar a la prisión. Ella se paró delante de su celda y le explicó cómo él le había robado su compañero de toda la vida, sus años de retiro juntos y hasta su estabilidad financiera. Luego ella le dijo que lo perdonaba y le entregó la Biblia de su esposo como un regalo. El asesino estaba atónito frente al acto de amor de Florence. Como resultado, leyó la Biblia y entregó su vida a Jesucristo.

No conozco los detalles de su sentencia, pero hoy día

este hombre está fuera de la cárcel y predica el Evangelio. Ha regresado a Springfield y ha predicado en la iglesia donde aún asiste Florence. Me parece increíble pensar que Florence esté allí sentada en la congregación, escuchando cómo el hombre que mató a su esposo cuenta cómo fue transformado por el poder del amor de Dios a través de su simple acto de obediencia. ¿Dice usted «imposible»? No se lo diga a Florence; no creo que ella lo entienda.

ESTOY SÓLO OBLIGADO A PERDONAR A AQUELLOS QUE ME PIDEN PERDÓN.

Muchos llegan a esta conclusión basados en el versículo de Lucas 17.4, que dice: «Y si siete veces al día pecare contra ti, y siete veces al día volviere a ti, diciendo: Me arrepiento; perdónale.» Es importante comprender que la enseñanza sobre el perdón en este versículo no incluye todo. Cuando Jesús estaba en la cruz, declaró siete cosas, una de las cuales fue: «Padre, perdónalos, porque no saben lo que hacen.» Ninguno de los evangelios menciona que alguien haya venido a Él y se haya arrepentido antes de que Jesús hiciera esta declaración.

En Efesios leemos: «Antes sed benignos unos con otros, misericordiosos, perdonándoos unos a otros, como Dios también os perdonó a vosotros en Cristo» (Efesios 4.32). ¿Cómo fuimos perdonados? Cristo lo hizo mucho antes de que nosotros pidiéramos perdón o supiéramos que necesitábamos ser perdonados. El perdón verdadero debe estar basado en nuestra decisión y en la obra de Dios establecida en nuestros corazones, aparte de —y sin estar afectado por— las acciones o actitudes de los demás.

LA FALTA DE PERDÓN NOS DA CONTROL

Cuando alguien nos ofende, el enojo y la desilusión que experimentamos proviene del sentimiento de que, de alguna manera, hemos sido traicionados. El enojo se encuentra arraigado en la sensación de que quien nos ha ofendido nos ha despojado del control de algún aspecto de nuestras vidas. Nuestra decisión de seguir aferrados a la ofensa es, en realidad, una elección, a través de nuestro enojo, para recuperar el control.

Hay mucho acerca del perdón dentro de la parábola del siervo malvado que se encuentra en Mateo 18.22-35. Mateo 18.34 dice:

> *«Entonces su señor, enojado, le entregó a los verdugos, hasta que se pagase todo lo que le debía.»*

En este versículo Jesús nos enseña que cuando intentamos aprisionar a alguien a causa de nuestra falta de perdón, somos en realidad nosotros los que estamos aprisionados y atormentados. No hemos *recuperado* el control; hemos, en realidad, *cedido* el control de nuestros corazones y nuestras emociones.

Cuando no resolvemos este tema de la falta de perdón, nos convertimos en víctimas de lo que llamo «ofensas percibidas». Si no encontramos auténtico perdón, comenzamos a interpretar las acciones de los demás como ofensas, cuando en realidad no lo son. Percibimos las decisiones y acontecimientos a nuestro alrededor como ataques personales. Toda nuestra perspectiva en cuanto a nuestras relaciones personales estará hastiada por nuestras propias penas y desilusiones.

Es muy importante que descubramos la seguridad que tenemos en el amor de Dios. Sin ella, todas nuestras relaciones estarán coloreadas por nuestras desilusiones pasadas. Por consiguiente, nos encontraremos sentados peligrosamente en el sitio de juicio.

EL PELIGRO DE JUZGAR A LOS DEMÁS

Con sus palabras de cautela en Mateo 7.1-6, Jesús nos advierte acerca del peligro de juzgar a los demás:

«No juzguéis, para que no seáis juzgados. Porque con el juicio con que juzgáis, seréis juzgados, y con la medida con que medís, os será medido. ¿Y por qué miras la paja que está en el ojo de tu hermano, y no echas de ver la viga que está en tu propio ojo? ¿O cómo dirás a tu hermano: Déjame sacar la paja de tu ojo, y he aquí la viga en el ojo tuyo? ¡Hipócrita! saca primero la viga de tu propio ojo, y entonces verás bien para sacar la paja del ojo de tu hermano. No deis lo santo a los perros, ni echéis vuestras perlas delante de los cerdos, no sea que las pisoteen y se vuelvan y os despedacen.»

Tradicionalmente interpretamos que el versículo 6 dice que no debiéramos tratar de testificar a aquellos que no desean escuchar el Evangelio. Si lo hacemos, van a despreciar nuestras palabras y volverse de alguna manera en contra nuestra. En realidad, Jesús está aún hablando del peligro de juzgar la vida de los demás. Dice que cuando juzgo a otro, estoy tomando la perla de la misericordia de Dios (aquello que es santo) y le estoy dando una oportunidad a Satanás para pisotear la compasión de Dios que ha estado cubriendo nuestras transgresiones. Le damos a Satanás la oportunidad de hacernos pedazos. Cuando juzgamos, nos salimos de la protección de la misericordia y la gracia de Dios, y nos vemos expuestos a los juicios de Satanás en contra de nuestras vidas. Satanás no tiene piedad alguna y no lo va a pensar dos veces antes de destrozar nuestras vidas y la de nuestras familias.

Recuerde las palabras de Jesús en Mateo:

«No juzguéis, para que no seáis juzgados. Porque con el juicio con que juzgáis, seréis juzgados, y con la medida con que medís, os será medido.»

—MATEO 7.1,2

Un hombre sintió que era necesario juzgar públicamente a otro hombre y en menos de un año su propia vida privada había sido expuesta al público. La falta de perdón es definitivamente una *puerta* que debemos, por medio de la gracia de Dios, *cerrar de un portazo.*

5

LA EXALTACIÓN DEL YO

Dentro de una institución estatal para personas con problemas físicos y mentales, vivía una niñita llamada Annie. A pesar de que ella tenía la capacidad de hablar, pocas veces decía alguna palabra. Estaba sujeta a violentos ataques de ira y arremetía con enojo contra todo aquel que tratara de acercarse. Después de agotar todos los recursos a su alcance en ese momento, la institución finalmente la declaró como «incurable». Para proteger a los demás de Annie —y aun para protegerla a ella de sí misma— la pusieron en un cuarto privado, localizado en el sótano de esta institución.

Una de las empleadas, sin embargo, eligió no aceptar la sentencia que le habían otorgado a Annie. Esta joven decidió que iba a utilizar su tiempo de almuerzo para bajar al sótano para leerle o hablarle a diario. Después de algún tiempo, Annie comenzó a mostrar señales de mejora. Finalmente, esta joven convenció a los directores de la institución para que le dieran a Annie otra oportunidad y la mudaran nuevamente al piso de arriba.

A la larga, la pequeña experimentó una mejoría total. Cuando llegó el momento de dejar la institución, Annie decidió dedicar su vida a ayudar a otros que estaban rotulados como casos «imposibles».

Debo decir que estoy impactado por esta «samaritana» anónima, quien tan generosamente le extendió una mano a Annie. También debo admitir que hubo un momento en mi vida cuando hubiera estado dispuesto a hacer lo mismo, *pero sólo si hubiera resultado en el reconocimiento de los demás.*

Una historia acerca de mi hijo Josiah me ayudó a darme mejor cuenta de esto. Un día, después de llegar de la escuela, Bonnie percibió que Josiah no había comido su almuerzo. Esto continuó así durante toda la semana. Por fin, Bonnie le preguntó a Josiah por qué no estaba comiendo su almuerzo. Él le explicó que un niño de su clase se había caído de un árbol y se había roto los dos brazos. Este compañero necesitaba que alguien le diera de comer todos los días. Cuando la maestra pidió un voluntario, Josiah levantó la mano. Pero para cuando Josiah terminaba de darle de comer al otro niño, la hora del almuerzo se había terminado y él no había tenido tiempo de comer. Estoy seguro de que los maestros le hubieran otorgado tiempo extra a Josiah para tomar su almuerzo, *pero él nunca les dijo que lo necesitaba.*

Cuando me enteré de esto, me llamó la atención y reconocí una actitud que había marcado mi vida. Esta actitud es el temor ante la posibilidad de llevar a cabo un acto de nobleza, *sin que nadie se percate.* Me he dado cuenta desde entonces que esta necesidad consumidora de atraer la atención de los demás proviene de mi inseguridad. *La inseguridad profunda le autoriza al pasado a continuar ejerciendo poder sobre nuestras vidas.* Si se trata de la vergüenza, entonces muchas veces consideraremos que es necesario crear una imagen que, según pensamos, va a hacer que aquellos que nos rodean nos acepten y valoren.

Estado del corazón Nº 2: la inseguridad

Para algunos, la inseguridad se manifiesta en que la persona se convierte en controladora y manipuladora en todas sus relaciones. Para otros, se manifiesta como amor al dinero. O se puede observar en quien busca conseguir poder por medio del sexo. No importa la forma que tome, la inseguridad siempre se va a manifestar por medio de algo: *la exaltación del yo.*

El resultado es la ambición egoísta, la cual se alimenta de la inseguridad profundamente arraigada. El peligro de la ambición egoísta es que se oculta bajo el disfraz de celo por el Reino de Dios, cuando, en realidad, es el deseo de forjarnos un lugar de honor para nosotros mismos. Es un intento de agregarle significado a nuestras vidas y de compensar por la vergüenza que sentimos con respecto a nuestro pasado.

La mayoría de las veces tal intento se produce a expensas de los demás. En la Biblia de las Américas, en Filipenses 2.3, el apóstol dice:

> *«Nada hagáis por egoísmo o por vanagloria, sino que con actitud humilde cada uno de vosotros considere al otro como más importante que a sí mismo.»*

Si no podemos alejarnos del pasado, nos convertimos en individuos egocéntricos. Si la vergüenza del pasado hace que lidiemos con una falta de valía y de significado en nuestras propias vidas, no podremos considerar verdaderamente a los demás como más importantes que nosotros.

Ambición egoísta

Deseo identificar tres indicadores de la ambición egoísta:

1. El deseo de ser reconocido por los demás
2. Los conflictos
3. Un espíritu de celos

EL DESEO DE SER RECONOCIDO POR LOS DEMÁS

En un momento de su ministerio terrenal, Jesús llevó a Pedro, a Jacobo y a Juan a un monte alto (Marcos 9.2-7). Mientras Jesús oraba, ellos vieron cómo se transfiguraba en su presencia. Sus vestidos y su piel se volvieron muy blancos y resplandecientes. De repente, aparecieron Moisés y Elías y comenzaron a hablar con Jesús. Después de este increíble acontecimiento, los tres discípulos y Jesús descendieron del monte y regresaron al valle. Al acercarse al lugar donde se hallaban reunidos los otros discípulos, era obvio, por la conmoción que reinaba, que los discípulos estaban en el medio de una acalorada discusión. En el centro se encontraba un padre desconcertado, parado allí junto a su hijo, al cual tenía agarrado de la mano. Cuando Jesús se acercó a sus discípulos, descubrió que estaban discutiendo acerca de quién tenía la culpa de no poder echar el demonio que había estado tratando de matar al pequeño.

Jesús se llevó al niño aparte y, rápidamente, echó fuera al espíritu maligno. Cuando los discípulos le preguntaron por qué no habían podido hacerlo ellos, la respuesta de Jesús fue: «Este género con nada puede salir, sino con oración y ayuno» (Marcos 9.29).

Al margen, permítame decirle que Jesús no estaba diciendo que si ellos hubieran orado y ayunado lo suficiente, Dios se hubiera sentido inclinado a otorgarles su pedido y hubiera liberado al muchacho del demonio. La oración y el ayuno no lo mueven a Dios, ¡Él no está atascado! Lo que Jesús estaba diciendo era que cuando oramos y ayunamos, sea lo que sea en nosotros a lo cual se pueden aferrar la duda y el temor, será expuesto y luego expulsado, dejando sólo la fe en el poder de Dios.

Ahora, lo que ocurre después de esto lo encuentro tristemente divertido. Los discípulos acababan de experimentar un fracaso vergonzoso. Un padre les había traído a su hijo para que ellos lo liberaran y no habían podido ayudarlo. Sin embargo, después de este evento, mientras iban caminando a Capernaum, comenzaron a discutir de nuevo. ¡Esta vez debatían quién era el más importante entre ellos! Cuando llegaron a Capernaum, Jesús, que sabía lo que habían estado discutiendo en el camino, los enfrentó y les dijo: «Si alguno quiere ser el primero, será el postrero de todos, y el servidor de todos» (versículo 35). Más tarde, Jesús tuvo que volver a decir: «Pero muchos primeros serán postreros, y los postreros, primeros» (Marcos 10.31).

Pero los discípulos no habían conquistado aún el deseo de exaltarse a ellos mismos. Una vez más emergió:

> *«Entonces Jacobo y Juan, hijos de Zebedeo, se le acercaron, diciendo: Maestro, querríamos que nos hagas lo que pidiéremos. Él les dijo: ¿Qué queréis que os haga? Ellos le dijeron: Concédenos que en tu gloria nos sentemos el uno a tu derecha, y el otro a tu izquierda. Entonces Jesús les dijo: No sabéis lo que pedís. ¿Podéis beber del vaso que yo bebo, o ser bautizados con el bautismo con que yo soy bautizado? Ellos dijeron: Podemos. Jesús les dijo: A la verdad, del vaso que yo bebo, beberéis, y con el bautismo con que yo soy bautizado, seréis bautizados; pero el sentaros a mi derecha y a mi izquierda, no es mío darlo, sino a aquellos para quienes está preparado.»*
>
> —Marcos 10.35-40

Como pueden ver, Jacobo y Juan deseaban una posición de honor frente a los hombres. Por consiguiente, estaban más dispuestos a compartir las persecuciones de Cristo, en especial si ello les aseguraba ese lugar de prominencia. Es interesante que Jesús dijo que ¡*ellos iban* a experimentar sus sufrimientos! Pero no podía prometerles las posiciones de honor que buscaban.

La cuestión no es si seremos premiados por nuestra fidelidad. Las Escrituras dicen claramente que Dios premia a aquellos que han sido contados como fieles. La verdadera pregunta está relacionada a nuestros motivos. Debemos preguntarnos: «¿Estoy dispuesto a soportar dificultades, aun cuando no tenga como resultado esa posición que deseo? ¿Estoy dispuesto a realizar lo que es correcto, aun cuando nunca nadie se dé cuenta?

Antes mi sentido de estima y valor estaba determinado por el tamaño de mi iglesia, la respuesta de la gente y el reconocimiento que recibía de aquellos que me rodeaban. Esta sutil actitud de inseguridad no me impedía servir. En realidad, cada vez me exigía más e intenté establecer mi valía a través de mis muchos logros. Después, al no recibir el reconocimiento del que me creía merecedor, me sentí estafado y a veces hasta enojado. Estoy convencido de que muchas veces lo que llamamos búsqueda de propósito es en realidad una búsqueda de significado.

> «CEGADOS POR LA AMBICIÓN, JACOBO Y JUAN ESTABAN DISPUESTOS A CAMBIAR LA PRESENCIA DE DIOS POR UNA POSICIÓN DE HONOR.»

Es demasiado fácil hacer todas las cosas que son correctas por razones equivocadas. Muchos de nosotros luchamos con el temor de que nos vamos a encontrar «ahogándonos en un océano de oscuridad». Si somos honestos, eso significa una vida carente de la atención y la aprobación de la gente.

Jesús afirmó que Jacobo y Juan tendrían que sufrir por el bien del Evangelio, mas sin la promesa de la posición que ellos deseaban. ¿Por qué? Porque Jesús deseaba que el gozo de ellos se encontrara en Él como su recompensa. Jesús deseaba que estos dos hermanos se dieran cuenta de que su herencia estaba parada delante de ellos.

Aunque parezca mentira, cuando Jacobo y Juan estuvieron de pie en la presencia misma del Rey del universo, ellos aún se esforzaron por alcanzar un lugar de honor entre los hombres. Fíjese lo que Jesús dice en Juan 5.44:

> *«¿Cómo podéis vosotros creer, pues recibís gloria los unos de los otros, y no buscáis la gloria que viene del Dios único?»*

De acuerdo con este versículo, es imposible tener una relación vibrante y personal con Dios si le damos más importancia a la gloria que proviene de los hombres que a la que recibimos de Dios. Jesús sabe lo que se necesita para soportar hasta el fin; se requiere que seamos considerados fieles. Sabe que el motivo de nuestros corazones debe verse libre de toda autoafirmación, buscando sólo ser satisfechos por su placer.

¿Cómo recibimos la gloria de Dios? Es muy simple, a través de la obediencia. Se nos confiere la gloria de Dios cuando encontramos nuestro gozo en hacer sencillamente su voluntad. Jesús mismo dijo: «No puedo yo hacer nada por mí mismo; según oigo, así juzgo; y mi juicio es justo, porque no busco mi voluntad, sino la voluntad del que me envió, la del Padre» (Juan 5.30). En Juan 6.38, Jesús dice: «Porque he descendido del cielo, no para hacer mi voluntad, sino la voluntad del que me envió.» En Juan 5.41, Jesús también dijo: «Gloria de los hombres no recibo.» La gloria de Jesús era hacer la voluntad de su Padre celestial. Esto era su gozo y su deleite.

Contienda y un espíritu de celos

En Marcos 10.41 dice que los diez estaban disgustados con Jacobo y con Juan. La razón era que temían que Jesús les concediera su pedido y que tomaran el lugar que cada uno de los diez deseaba para ellos mismos. La ambición está siempre marcada por los celos, los cuales provienen del temor de que los logros de los demás puedan degradar nuestro sentido de valor. Es el sentimiento de angustia que experimentamos cuando nos enteramos que otra persona está gozando de las bendiciones de Dios o cuando escuchamos acerca del éxito de un compañero cristiano. A menudo incluye el deleite secreto que sentimos cuando escuchamos que a alguien le fue mal.

Una actitud de inseguridad se expresa muchas veces como contienda. En Marcos 9.33, Jesús les preguntó a sus discípulos acerca de qué estaban discutiendo mientras caminaban a la ciudad de Capernaum. La Biblia dice que los discípulos estaban avergonzados porque habían estado discutiendo acerca de quién era el más importante entre ellos. La contienda es la batalla de palabras que revela un corazón de ambición, alimentado por una inseguridad profundamente arraigada. En Proverbios 13.10 dice: «Ciertamente la soberbia concebirá contienda.»

La grandeza en el reino

A medida que continuamos observando la confrontación de Jesús con los diez discípulos, vemos que Él los continúa instruyendo con respecto a la fuerza impulsora del egocentrismo, el cual brota de la inseguridad. Jesús les dice:

> *«Sabéis que los que son tenidos por gobernantes de las naciones se enseñorean de ellas, y sus grandes ejercen sobre ellas potestad. Pero no será así entre vosotros, sino que el que quiera hacerse grande entre vosotros será vuestro servidor, y el que de vosotros quiera ser el primero, será siervo de todos. Porque el Hijo del Hombre no vino para ser servido, sino para servir, y para dar su vida en rescate por muchos.»*
>
> —MARCOS 10.42-45

A causa de nuestra inseguridad nos veremos impulsados a ejercer influencia sobre los demás al intentar asegurar nuestra posición idólatra en sus vidas. Muchas veces esto ocurrirá con poca o ninguna reflexión previa de cómo nuestras acciones afectarán las vidas de los demás. Esto es lo opuesto a cómo opera el Reino de Dios. Este pondera la actitud de servicio, lo cual ataca al egocentrismo, centro de cualquier pecado.

Aun Dios en la carne, cuando vino a esta tierra, vino para servir; a sacrificarse; a dar su vida como rescate para muchos.

Creo que Jesús no sólo nos está diciendo que no usemos nuestro poder para mandonear a la gente, sino que, en el Reino de Dios, la vida de una persona no se mide por la posición que logra pero sí por los sacrificios que realiza con gozo. En otras palabras, la medida de nuestras vidas no se define en términos de *posición,* sino más bien en términos de *sacrificio.*

EL CORAZÓN DE UN SIERVO

En Mateo 20.1-16 leemos la parábola del hombre que contrató obreros para trabajar en su viña. Al principio los obreros estuvieron de acuerdo en trabajar por la paga de un día. Luego, en los versículos 3-7 leemos:

> *«Saliendo cerca de la hora tercera del día, vio a otros que estaban en la plaza desocupados; y les dijo: Id también vosotros a mi viña, y os daré lo que sea justo. Y ellos fueron. Salió otra vez cerca de las horas sexta y novena, e hizo lo mismo. Y saliendo cerca de la hora undécima, halló a otros que estaban desocupados; y les dijo: ¿Por qué estáis aquí todo el día desocupados? Le dijeron: Porque nadie nos ha contratado. El les dijo: Id también vosotros a la viña, y recibiréis lo que sea justo.»*

El dueño de la viña continuó contratando a otros obreros para trabajar en la viña, aun hasta el final de ese día. Sin embargo, es al final de esta historia, cuando el dueño comienza a pagar los jornales, que aprendemos de Jesús una poderosa verdad.

> *«Y al venir los que habían ido cerca de la hora undécima, recibieron cada uno un denario. Al venir también los primeros, pensaron que habían de recibir más; pero también ellos recibieron cada uno un denario. Y al recibirlo, murmuraban contra el padre de familia, diciendo: Estos postreros han trabajado una sola hora, y los has hecho iguales a nosotros, que hemos soportado la carga y el calor del día.»*
>
> —MATEO 20.9-12

Los hombres que habían trabajado doce horas estaban indignados de que se les pagara la misma suma que a aquellos obreros que habían trabajado sólo una hora. En sus mentes, esto era una increíble injusticia, un error judicial. Después de todo, ellos habían trabajado por más tiempo. Se habían ganado el derecho a una paga más alta. Si alguien se merecía una bonificación, eran ellos.

¿Ha experimentado usted alguna vez sentimientos de celos cuando vio que otros eran promovidos antes que usted en el Reino de Dios? Sé que hay veces en que he sentido envidia al ver que alguien recibía el reconocimiento del que yo me creía merecedor. Cuando escuchaba acerca de los éxitos de un amigo o conocido, hacía de inmediato una lista de razones por las cuales yo debiera estar experimentando el mismo éxito, si no más.

Si no tenemos cuidado, comenzaremos a murmurar aun contra Dios acerca de esta tremenda injusticia. Nos encontraremos culpando a otros porque no hemos podido avanzar en la vida. Minimizaremos el éxito ajeno diciendo que «fue por azar» o «estaban en el lugar correcto en el momento justo» o «son juegos políticos». Esta actitud nos lleva a jugar el papel de víctima. Esta mentalidad nos mantendrá sujetos al dominio del pasado.

Ahora, de regreso a la parábola. Note la respuesta del

dueño a las quejas de estos hombres.

> *«Él, respondiendo, dijo a uno de ellos: Amigo, no te hago agravio; ¿no conviniste conmigo en un denario? Toma lo que es tuyo, y vete; pero quiero dar a este postrero, como a ti. ¿No me es lícito hacer lo que quiero con lo mío? ¿O tienes tú envidia, porque yo soy bueno?»*
>
> —VERSÍCULOS 13-15

Dios dice: «¿Vas a permitir que tu corazón se corrompa porque le demuestro a otro la misma bondad que te he mostrado a ti?» Lo esencial es que el lugar donde trabajamos no nos pertenece; es de Dios. Es su reino el que estamos construyendo. Somos simplemente mayordomos, y lo único que se requiere de un mayordomo es que sea fiel. Es el *corazón* del siervo lo que Dios considera como algo maravilloso. El corazón del siervo está agradecido por el solo hecho de poder estar en el lugar de trabajo.

El verdadero siervo no trabaja para ganar una cierta recompensa. Un verdadero siervo se da cuenta de que el Maestro es su recompensa. No competimos entre nosotros; en esta carrera el premio no lo gana el más rápido sino el que corre con fidelidad y termina su propia carrera personal. Es el obrero inseguro el que siempre necesita ser el número uno. Es el peón ambicioso el que siempre está preocupado acerca del estatus de los otros trabajadores. Jesús finalizó su enseñanza diciendo:

> *«Así, los primeros serán postreros, y los postreros, primeros; porque muchos son llamados, mas pocos escogidos.»*
>
> —(VERSÍCULO 16)

La idea no es que tomemos la posición del último para así poder ser primeros. Más bien, la idea es: «Me gustaría ser el último para así poder empujar al que está delante mío, a fin de que llegue a ser primero.» Jesús dijo que el más grande en el reino es el siervo de todos.

Estoy convencido de que la definición de Jesús sobre la grandeza es radicalmente opuesta a la nuestra. La grandeza en el Reino de Dios no se mide necesariamente por el tamaño de nuestras casas, el total de nuestros ingresos o el reconocimiento de los demás. Se mide por nuestra obediencia a su voluntad y el valor que depositamos en la gente.

Volvamos a la historia de esa joven anónima que se acercó a la «pequeña Annie». Hace años, Helen Keller recibió honores por su contribución a los discapacitados físicos y mentales. Al dar su discurso de aceptación, se aseguró de agradecerle públicamente a la señora a la cual ella le atribuía todo su éxito. Dijo que esta mujer le había salvado la vida y que era la persona a quien ella le debía todo. El nombre de esa mujer era Ann Sullivan, «la pequeña Annie». Gracias a Dios por aquella joven desconocida que lo comenzó todo, simplemente porque eligió pasar su hora de almuerzo, tendiéndole una mano a alguien que los demás consideraban como «imposible». Aun cuando todavía no sabemos su nombre, Dios sí lo sabe. Y eso es lo que en realidad importa.

A.W. Tozer ha dicho: «Muchas veces el hombre se entregará a otros, va aun a sacrificarse por un fin deseado, pero rara vez se destronará a sí mismo.»[1] Es este proceso de «destronarse» lo que es, a veces, muy difícil.

Una canción ejecutada por un artista cristiano, Clay Cross, titulada «I Surrender All» (Yo rindo todo), me ha desafiado profundamente a vivir con mayor renuncia. Las palabras de esta canción cuentan acerca de la lucha del compositor por alcanzar ganancias terrenales, y cómo encontró el gozo de la victoria espiritual personal sólo después de aprender a poner de lado sus estrategias, ambiciones, éxitos, trofeos y triunfos —en una palabra, todo— para correr indefenso a los brazos de Dios. Junto con el compositor, he llegado a la conclusión de que si Dios desea todo lo que tengo y todo lo que soy, entonces se lo entrego todo.

Espero que cada uno de nosotros esté dispuesto a levantarse y dejar el terreno de la inseguridad atrás, en búsqueda de aquel rincón en la peña donde descubrimos su placer. Una vez que lo logremos, espero que podamos acurrucarnos en ese lugar que *Él* llama «grandioso», y encontremos allí nuestra valía y nuestra seguridad en Él.

6

Vivir en la duplicidad

Se cuenta una historia acerca de un abogado novato de Palmetto, Georgia, que estaba sentado en su nueva oficina a la espera de su primer cliente. Cuando escuchó que se abría la puerta, tomó rápidamente el teléfono y trató de aparentar que estaba muy ocupado. El hombre lo podía escuchar hablando por teléfono:

—Bill, estaré volando a Nueva York para atender el caso de Mitchell Brothers; me parece que va a ser algo grande. Por otro lado, necesitamos traer a Carl desde Houston para el caso Cimmeron. Bill, me tienes que excusar; alguien acaba de entrar.

Y cortó.

Volviéndose al hombre que acababa de entrar, el abogado le dijo:

—Bueno, ¿en qué puedo servirle, señor?

El hombre lo miró y sonriendo le dijo:

—Estoy aquí para conectarle el teléfono.

Cuando escuché esta historia, me acordé del versículo en Proverbios 10.9 que dice:

> *«El que camina en integridad anda confiado; mas el que pervierte sus caminos será quebrantado.»*

Podemos estar seguros de que si elegimos vivir una vida fingida, tarde o temprano alguien va a aparecer para «conectarnos el teléfono». No importa a cuántas personas logremos engañar detrás de nuestras máscaras de imagen y apariencias, siempre habrá alguien que sabe quién somos en realidad. Es muy importante que comprendamos que la imagen es *lo que* las personas creen que somos; la integridad es *quiénes* somos en realidad. Es triste, pero a veces es más fácil cambiar la opinión que tienen los demás de nosotros que cambiar quienes somos en realidad.

ESTADO DEL CORAZÓN N° 3: UN CORAZÓN DIVIDIDO

Cuando nos negamos a alejarnos del pasado, estamos más preocupados por la imagen que por la realidad. La forma en que las personas nos perciben se convierte en algo de primordial importancia en nuestras mentes. Si el Espíritu Santo y la Palabra de Dios no resuelven esta actitud, gastaremos todas nuestras energías tratando de crear una imagen que, según esperamos, haga que las personas nos respeten. Si no hemos sido capaces de experimentar la verdadera libertad de nuestro pasado, entonces continuamos percibiéndonos en el espectro de nuestros fracasos. Esto, a su vez, nos llevará a proyectar una imagen que no concuerda con el lugar donde realmente nos encontramos en nuestra vida. Encarar la vida de esa manera involucra muchos peligros inherentes. Es fundamental que encontremos la valentía para vivir una vida transparente y honesta. El apóstol Pablo denominó a este tipo de existencia una vida *sencilla.*

LA IMPORTANCIA DE UNA VIDA SENCILLA

En 2 Corintios 1.12, el apóstol Pablo dijo:

> *«Porque nuestra gloria es esta: el testimonio de nuestra conciencia, que con sencillez y sinceridad de Dios, no con*

sabiduría humana, sino con la gracia de Dios, nos hemos conducido en el mundo, y mucho más con vosotros.»

A la luz de este versículo, creo que hay una conexión divina entre la elección de una vida sencilla y vivir una vida de sinceridad piadosa.

Un vida sencilla no es una de cilicio y cenizas, de autohumillación. Literalmente, la palabra «sencillez» significa «libre de toda apariencia e hipocresía». Por lo tanto, una vida libre de toda apariencia se convierte automáticamente en una vida de sinceridad. Este principio funciona también al revés. Cuando vivimos una vida de apariencias y nos comprometemos en las áreas más pequeñas de nuestra vida, a la larga comprometerá las áreas de importancia.

Allanando las dificultades

En Lucas 11.34 leemos: «La lámpara del cuerpo es el ojo; cuando tu ojo es bueno, también todo tu cuerpo está lleno de luz.» La palabra ojo se traduce en realidad como «conciencia». La palabra bueno significa que «no tiene dobleces», o sea una falta de duplicidad en nuestra vida. A lo que me refiero es a aquellas pequeñas áreas de compromiso de nuestra vida que a veces son difíciles de detectar, actitudes que nos conducen al oscurecimiento de la verdad en áreas sutiles y a incorporar un doble criterio. Por ejemplo, no mentimos sino que desinformamos, o sea que no decimos la verdad completa. O cuando comunicamos una historia o una situación, siempre tratamos de contarla de manera tal que nos haga quedar bien. Esto es lo que quiero decir cuando hablo de duplicidad.

«Cuando no actuamos de acuerdo a la verdad revelada caemos en el engaño.»

Ahora bien, lo que Jesús está diciendo es que si nosotros, por medio del ministerio del Espíritu y de la Palabra, quitamos esas áreas de compromiso y engaño, nuestra conciencia tendrá la capacidad de guiarnos a través de la vida. Nuestro ojo será bueno y todo nuestro cuerpo (nuestras vidas) estará lleno de luz. Es el deseo de Dios que nuestras vidas estén gobernadas por la luz del Espíritu Santo.

Jesús continúa su enseñanza: «Pero cuando tu ojo es maligno, también tu cuerpo está en tinieblas. Mira pues, no suceda que la luz que en ti hay, sea tinieblas» (versículos 34,35). Jesús dice que si no abandonamos esos pequeños engaños de conveniencia, nuestras conciencias se oscurecerán. No podremos vivir nuestras vidas por medio de la dirección sobrenatural del Espíritu Santo. En cambio, nuestras vidas estarán gobernadas por nuestros propios razonamientos y percepciones.

En realidad, ni siquiera nos daremos cuenta de la dicotomía en la que estamos viviendo. Ni tampoco percibiremos el efecto dañino de lo que estamos eligiendo en base a nuestras percepciones oscurecidas. Eso es lo que Jesús dijo en Lucas 11.35: «Mira pues, no suceda que la luz que en ti hay, sea tinieblas.» Es posible vivir en un autoengaño. Estas —aparentemente insignificantes— áreas de compromiso le abren una puerta a Satanás para que nos engañe, lo cual comprometerá áreas mayores de nuestra vida, robándonos nuestro carácter. En Santiago 1.22 leemos: «Pero sed hacedores de la palabra, y no tan solamente oidores, engañándoos a vosotros mismos.» Satanás intentará apagar nuestras lámparas a través de esta duplicidad, a fin de que caminaremos a tientas en la oscuridad, librados a nuestro limitado entendimiento.

Dios está más preocupado por nuestro *carácter* que por nuestra *reputación*. Él sabe que la *reputación* no es más que nuestro valor en el mercado de la opinión pública, mientras que el *carácter* es la demostración de nuestra confianza implícita en Él. En realidad, el carácter es quien realmente somos. Existe un proceso por medio del cual se desarrolla el carácter. Desafortunadamente, en nuestro deseo de una vida cómoda, esta oportunidad muchas veces se pierde.

La reacción en cadena de Dios

En Marcos 4.35-41 vemos que los discípulos se encuentran en la mitad del tormentoso mar de Galilea. Para complicar más la situación, Jesús, aparentemente despreocupado acerca de su situación de peligro, duerme en la popa de la barca. Pienso que en nuestro énfasis usual de lo obvio (Jesús que calma el mar) hemos perdido la llave que abre la comprensión a un tema de fe más importante. Sea conmigo un testigo del tormentoso mar de Galilea.

La tormenta debe haber venido de quién sabe donde... Aun con los rayos luminosos de los relámpagos, la fuerte lluvia no dejaba ver la cara de los otros hombres. La barca se mecía violentamente, mientras las grandes olas la azotaban de todos lados. Apenas se podía escuchar la voz de Pedro cuando gritaba las órdenes. A pesar de sus esfuerzos hercúleos, el agua entraba a la barca más rápido de lo que podían sacarla.

Por último, desesperados, comenzaron a sacudir a su líder para despertarlo. «¡Eh! ¡Nos estamos ahogando! No lo vamos a lograr», le gritaban. «La barca está llena de agua y nos vamos a morir; ¿qué vas a hacer al respecto?»

Despacio, pausadamente, Jesús se trepó a la proa del barco y, con una voz de calma autoridad, le ordenó al viento que cesara. Así de rápido como comenzó, la tormenta se calmó. Las nubes se corrieron para atrás como un cortina, mientras que rayos finos del sol comenzaban a calentar sus cuerpos empapados por la lluvia. Eso era más que una calma. La tendríamos que llamar *una gran calma*. Estaba tan tranquilo que casi podían escuchar los latidos aún frenéticos de sus corazones. La calma era tan intensa que la tormenta les parecía ahora como un recuerdo lejano.

Mientras que el pelo mojado caía sobre su rostro, Jesús se dio vuelta para encontrarse con la mirada de sus turbados hombres. Con la misma voz de autoridad, con amor, pero también con firmeza, los reprendió diciendo: «¿Por qué estáis amedrentados? ¿Cómo no tenéis fe?» *Los discípulos comenzaron a darse cuenta de que de alguna manera habían sacrificado un milagro mayor por uno menor.*

Lo mismo nos ha ocurrido a muchos de nosotros. Hemos escuchado su voz. Hemos caminado con fe y nos hemos encontrado en el medio mismo de una tormenta. Nuestra barca está *llena* y parece que nos vamos a hundir. No sólo eso, sino que también parece que Jesús está dormido. Nuestras oraciones parecen rebotar en el techo. «¿Acaso no le importa lo que me está ocurriendo?», se pregunta usted. «¡Eh, Dios; creo que ya es hora que te despiertes!»

«EL CARÁCTER SE PONE DE MANIFIESTO POR LO QUE HACEMOS EN LOS MOMENTOS DE ADVERSIDAD; LA INTEGRIDAD SE PONE DE MANIFIESTO POR LO QUE HACEMOS EN LOS MOMENTOS DE ÉXITO.»

La voluntad de Jesús era llegar a la otra orilla. Tener que calmar la tormenta para llegar allá no era parte de su plan original. Permítame preguntarle: ¿Cuál milagro hubiera sido mayor? ¿Que Jesús calmara la tormenta? Eso se podría haber explicado como un fenómeno raro de la naturaleza. ¿Qué le parece una barca repleta de agua chocando en contra de la orilla, desafiando las leyes de la naturaleza?

Aun mejor, ¿qué piensa acerca de un grupo de hombres que deciden que van a permitir que las palabras de Jesús hablen más fuerte que la tormenta? Ellos estaban buscando paz; Él estaba en la barca. Después de todo lo que los discípulos habían visto y escuchado, Jesús deseaba que su palabra les fuera suficiente. Él calmó la tormenta, pero deseaba que su palabra les calmara los corazones. Él detuvo los vientos, pero ellos desperdiciaron la oportunidad de que el carácter de Jesús se forjara en ellos al identificarse con Él.

No me malentienda. ¡No digo que Dios es el autor de nuestras tribulaciones y persecuciones! Lo que estoy diciendo, de acuerdo con Romanos 5.3,4, es que existe una reacción en cadena, divina, que tiene lugar cuando nos vemos enfrentados a las tormentas de nuestra vida. «Y no sólo esto, sino que también nos gloriamos en las tribulaciones, sabiendo que las tribulación produce paciencia; y la paciencia, prueba; y la prueba, esperanza...» Es más, la persona que está constantemente luchando en contra de la desesperanza es porque no tiene carácter.

No son las tormentas las que producen el carácter en nuestras vidas. La decisión de confiar en Él en el medio de nuestras tormentas presenta la oportunidad para que nuestras vidas se establezcan con carácter. Pablo dice que no lograremos escaparnos de las tribulaciones y pruebas en la vida. Son parte de vivir en este planeta. De manera que lo mejor que podemos hacer es gloriarnos en ellas. No gloriarnos *por* ellas, sino *en* ellas. ¿Por qué? Porque cuando confiamos en la integridad de su Palabra, la cual despeja la tormenta, habremos experimentado la obra de su carácter en nosotros; sin mencionar las exclamaciones de incredulidad de aquellos que nos observan. Cuando ven que superamos una tormenta que exterminaría a un hombre o una mujer normales, usted les puede contar lo que dice la Palabra de Dios. Y, mi amigo, le aseguro que esto no es lo normal. El carácter posee la capacidad de encender la esperanza no sólo en nuestros corazones, sino también en el de los demás.

UNA VIDA CON CARÁCTER SE DEFINE POR LA ELECCIÓN COTIDIANA DE LA VERDAD

En marzo de 1990, el Dr. Robert McQuilken presentó su renuncia como presidente de Columbia Bible College. Se retiraba con el fin de cuidar a su esposa, Muriel, la cual se encontraba en un estado avanzado de la enfermedad de Alzheimer. Dentro de la carta de renuncia del Dr. McQuilken se halla una poderosa clave para preparar nuestras vidas para tomar decisiones de integridad. Él escribe:

> *«Mi querida esposa, Muriel, ha estado en un estado deteriorado de salud mental por el transcurso de ocho años. Hasta ahora he podido llevar adelante sus cada vez mayores necesidades junto con mis responsabilidades como líder del Columbia Bible College. Pero recientemente me he dado cuenta que Muriel está contenta la mayor parte del tiempo que está conmigo y casi nunca lo está cuando yo no estoy con ella. No se trata sólo de que está «descontenta». Está llena de miedo, y hasta de terror, de que me ha perdido y me va a buscar siempre cuando salgo de mi casa. De modo que no tengo dudas de que ella me necesita ahora todo el tiempo.*
>
> *»Quizás le ayude a comprender si comparto con ustedes lo que compartí cuando anuncié mi renuncia en la capilla. La decisión la tomé, en cierta manera, hace cuarenta y dos años atrás, cuando prometí cuidar de Muriel "en salud y en enfermedad... hasta que la muerte nos separe". De modo que, como les dije a los estudiantes y al Cuerpo Docente, como hombre de palabra, la integridad tuvo algo que ver con todo esto. Pero así también lo que es justo. Ella me ha cuidado completamente y con sacrificio todos estos años; si yo la cuidara por los próximos cuarenta años, aún seguiría estando en deuda con ella. El deber, sin embargo, puede ser nefasto y estoico. Pero aun hay más: amo a Muriel. Ella es mi deleite; su ingenua dependencia*

> *y confianza en mí, su cálido amor, sus ocasionales ocurrencias que yo tanto disfrutaba, su espíritu alegre y su dura resistencia ante su continua frustración. Yo no tengo que cuidarla; ¡simplemente lo haré! Es un altísimo honor poder cuidar a una persona tan maravillosa como ella.»*[2]

Sería un error suponer que una decisión de tal magnitud fuera un hecho aislado, no relacionado a las decisiones pequeñas y diarias por la verdad. Las cosas que elegimos hoy nos preparan para las grandes decisiones de integridad de mañana.

Jesús se encuentra en Getsemaní, frente a la mayor tentación que haya tenido que enfrentar jamás (autopreservación). La sombra de la cruz se erguía ante Él. Puede sentir ya las lenguas de fuego del infierno y la furia de su enemigo acérrimo, Satanás. Mientras Jesús luchaba con su propia humanidad, oraba: «Padre mío, si es posible, pase de mí esta copa; pero no sea como yo quiero, sino como tú» (Mateo 26.39). No creo que esta haya sido la primera vez que Jesús oraba de esta manera. Realmente creo que esta era su oración diaria. La realidad es que esta oración representaba toda su vida y su ministerio. Durante toda su vida Jesús resistió al pecado de aseverarse a sí mismo. Él mismo dijo que sólo decía aquellas cosas que había escuchado que decía el Padre y que sólo había hecho aquellas cosas que había visto que hacía el Padre. Por lo tanto, cuando llegó el momento de la decisión final, con el futuro de toda la humanidad en juego, Jesús poseía el fundamento de toda una vida de obediencia y de relación con su Padre de la cual nutrirse. «Sí no existe otra opción viable… ¡Pero no sea como yo quiero, sino como tú!»

¿Cuáles son las decisiones que toma diariamente? ¿Cuáles son sus prioridades? ¿Son acaso las mismas que las del Padre? ¿Le traerán sus decisiones actuales la gloria de Dios a su vida dentro de veinte años? ¿Cómo afectan sus decisiones su vida y la de su familia? El premio no se lo gana el más rápido, sino el que cruza la línea de llegada.

La forma en que terminamos es tan importante como la forma en que comenzamos. Hagamos las elecciones correctas para terminar la carrera *fuertes.* La vida de otra persona puede depender de nuestras elecciones. Su carácter ciertamente lo hace.

7

LA SOMBRA DE SU PASADO A LA LUZ DE LA CRUZ

Al comienzo de los setentas, dos hombres secuestraron a dos hermanas cuando salían de una tienda de Wyoming. Las llevaron al puente de un cañón donde las golpearon despiadadamente y violaron a la mayor de ellas. De alguna manera, esta muchacha consiguió convencer a los hombre para que no hicieran lo mismo con su hermana menor.

Cuando estos hombres terminaron de cometer su crimen, tiraron a ambas muchachas desde el puente que estaba suspendido a ciento doce pies arriba de un río.

La hermana menor murió al instante. La mayor cayó en aguas más profundas y nadó hacia la orilla donde se escabulló entre dos grandes rocas, temblando violentamente tanto de miedo como de frío. La rescataron al día siguiente. Entonces le curaron las heridas, arrestaron a los secuestradores, los juzgaron y los condenaron, pero ella nunca se pudo escapar de aquel cañón de oscuridad.

Diecinueve años más tarde, la hermana mayor volvió a aquel puente. Junto con su hijita de dos años y su novio, se sentó a la orilla del puente y se puso a llorar. Miró hacia ese cañón que nunca había podido dejar atrás, reviviendo el horror de aquellas horas. El novio pensó que era mejor llevar a la niñita al auto. Fue entonces cuando escuchó el ruido del chapuzón en las aguas poco profundas. Finalmente, se había entregado al cañón que cruelmente le había marcado su alma para siempre, sacrificándose a las piedras filosas de su pasado.

Es triste, pero en el mundo hay muchas personas como ella, tanto hombres como mujeres, que deambulan por los cañones de la desesperanza, la vergüenza y la culpa. Fueron, quizás, lanzados a ese precipicio por sus propias elecciones equivocadas o por las de otros. En última instancia, no importa cómo llegaron allí. Si se quedan, el resultado será el mismo: la muerte. La muerte a los sueños, a la esperanza y al futuro.

En el mejor de los casos, se convierten en el herido ambulante. Andan renqueando espiritualmente por la vida. Permiten que el pasado envenene sus mentes y toda relación que tengan. Por más que tratan de escaparse de esos pensamientos atormentadores, siempre se encuentran volviendo al puente, mirando hacia el cañón en sus mentes, rindiendo una cierta clase de homenaje tortuoso al revivir vez tras vez, tras vez el dolor, el fracaso y la desilusión. Como si al repasar los acontecimientos, la sórdida historia pudiera al fin cambiar.

¿Cuáles son las cosas de su pasado que usted no puede superar?

REDIMIDOS DE LA VERGÜENZA

La cruz declara que usted ha sido redimido de la vergüenza y de la culpa del pasado. Cuando Pablo predicaba, hacía continuamente referencia a la cruz de Cristo.

> *«Pero lejos esté de mí gloriarme, sino en la cruz de nuestro Señor Jesucristo, por quien el mundo me es crucificado a mí, y yo al mundo.»*
>
> —GÁLATAS 6.14

Uno de los mensajes que declara la cruz es que *el pasado no necesita ensombrecer nuestras vidas*. Para poder escapar de nuestro pasado debemos comenzar a verlo a la luz del acto supremo de amor de Jesús en la cruz. A medida que vamos comprendiendo su obra consumada, nuestro pasado pierde el poder que tiene sobre nuestras vidas.

Colosenses 2.14 describe lo que Jesús logró a través de su sacrificio en la cruz:

> *«...anulando el acta de los decretos que había contra nosotros, que nos era contraria, quitándola de en medio y clavándola en la cruz.»*

La palabra *acta* en griego significa literalmente «ológrafo». Esta palabra, sin embargo, eventualmente evolucionó y su significado fue «un certificado de deuda». En la época del Nuevo Testamento, los documentos se escribían en papiro. La tinta se hacía con hollín mezclado con resina y diluido en agua. Como resultado, la tinta no contenía ningún ácido y no manchaba el papel. Así que no importa cuánto tiempo hacía que se había escrito un documento, una esponja mojada lo podía borrar por completo. Sin embargo, esta no era la forma en que generalmente se cancelaban las deudas. Normalmente, si un juez decidía cancelar un certificado de deuda, le colocaba una gran X encima y lo daba por cancelado. Por consiguiente, el registro de la deuda permanecía visible y podía ser sujeto a examen.

Cuando el apóstol Pablo menciona lo que Jesús llevó a cabo en la cruz, no dice que Jesús «tachó» nuestra deuda. Pablo dice que Jesús «anuló» el acta de los decretos que había contra nosotros. Esto significa que nuestra deuda fue borrada, obliterada. ¡No existe más! Le han pasado una esponja por encima y la pizarra está limpia. Es como si la deuda nunca hubiera existido. Esto es lo que ocurre cuando recibimos su perdón. No sólo somos perdonados, sino que, además, lo que hemos hecho se borra de la mente de Dios. El Salmo 103.12 dice: «Cuanto está lejos el oriente del occidente, hizo alejar de nosotros nuestras rebeliones.»

En Gálatas 3.13 leemos: «Cristo nos redimió de la maldición de la ley, hecho por nosotros maldición (porque está escrito: Maldito todo el que es colgado en un madero).» La muerte en la cruz se llevaba a cabo en un lugar público, para traer vergüenza a los criminales convictos. Cuando Jesús murió en la cruz, nos redimió no solo del *poder* del pecado, sino también de la *culpa* del pecado. En Hebreos 12.2 leemos: «...puestos los ojos en Jesús, el autor y consumador de la fe, el cual por el gozo puesto delante de él sufrió la cruz, menospreciando el oprobio, y se sentó a la diestra del trono de Dios.» Está claro, pues, que Jesús no sólo se convirtió en pecado, cargando con el castigo correspondiente, sino que también sufrió la vergüenza y la culpa que trae el pecado.

LA CRUZ DECLARA UNA JUSTICIA QUE NO ES NUESTRA

En Filipenses 3.13, Pablo escribe: «Hermanos, yo mismo no pretendo haberlo ya alcanzado; pero una cosa hago: olvidando ciertamente lo que queda atrás, y extendiéndome a lo que está adelante...» Lo que Pablo estaba diciendo era que le había asignado al pasado un lugar en el olvido, donde él ya no definía quién era por lo que había hecho. El secreto de Pablo para dejar atrás el ayer fue el resultado de comprender cuál era el fundamento de su justicia.

Note lo que dice en Filipenses 3.3: «Porque nosotros somos la circuncisión, los que en espíritu servimos a Dios y nos gloriamos en Cristo Jesús, no teniendo confianza en la carne.» La mayoría de los cristianos depositan su confianza en lo que hacen para estar bien delante de Dios. Por ejemplo, si creemos que tuvimos una buena actuación, eso nos da una sensación de confianza delante de Dios. Si hemos fracasado como cristianos, entonces nos encontramos a menudo bajo el peso de la ansiedad y de la desesperanza. Esta respuesta no hace más que revelar que, en nuestro intento de asegurarnos nuestro propio tipo de justicia, hemos puesto toda nuestra confianza en «la carne». Cuando le asignamos mayor valor a lo que hacemos que a lo que Jesús ha hecho a través de su obra consumada, esto es una forma de orgullo espiritual. Lo más difícil es integrar esta verdad y asignarle mayor valor al sacrificio de Cristo que a lo que hemos hecho.

Mientras tratemos de relacionarnos con Dios a través de nuestras acciones, nos será difícil escaparnos de nuestro pasado. Por ejemplo, en Romanos 4.4,5 leemos: «Pero al que obra, no se le cuenta el salario como gracia, sino como deuda; más al que no obra, sino cree en aquel que justifica al impío, su fe le es contada por justicia.»

Permítame contarle una historia que, pienso, le va a servir de ilustración.

Cuando me mudé a Chicago me costó mucho conseguir un trabajo. Mi título era de teología, y toda mi experiencia era en el ministerio pastoral. Por consiguiente, todo esto no me calificaba como el más buscado en el área de trabajo secular. Al poco tiempo me di cuenta que los únicos trabajos que podía conseguir eran puestos de ventas. Esto significa que debía trabajar a comisión. Recibía un porcentaje del monto total del producto que vendía. Mi primer trabajo como vendedor fue en una tienda de ropa fina de hombres.

Un miércoles a la tarde volví a mi casa y le conté muy entusiasmado a Bonnie lo bien que me había ido ese día y cuánta plata había ganado. Compartí con ella los detalles de cada venta. Alabamos juntos a Dios y nos gozamos del éxito que había tenido ese día. Lo que no me di cuenta era que, mientras nos regocijábamos, los clientes volvían a la tienda a devolver la ropa que yo les había vendido en semanas anteriores. Esa noche en particular, cada cliente había traído su boleta de venta con mi número de empleado. Como resultado, cada ítem que devolvieron aquella noche y que yo les había previamente vendido, me lo descontaron de mi comisión total.

Cuando me presenté al trabajo al día siguiente, descubrí que debía cuatrocientos dólares. Esto significaba que tenía que vender cuatrocientos dólares del inventario para poder volver a estar en cero. ¡Qué frustrante que era todo eso! Sentí que cuanto más trabajaba, tanto más me quedaba atrás.

¡Así es como se sienten muchos cristianos! Muchas veces nos sentimos agobiados por una sensación de deuda; la sensación de que nunca logramos hacer lo suficiente. Nos apabulla la sensación de frustración por no orar lo suficiente, por no leer la Biblia lo suficiente, por no servir lo suficiente. Parece que cuanto más nos esforzamos por complacer a Dios por medio de nuestro trabajo y nuestros esfuerzos, tanto más alejado parece que Él está.

La razón por la cual nos sentimos así es porque en realidad nunca hacemos lo suficiente. Dios no va a permitir que sintamos su gracia o el placer de su amor si intentamos relacionarnos con Él a través de nuestras obras. Dios está mucho más interesado en tener una relación con nosotros que en las cosas que podamos hacer por Él. Nuestra justicia no se basa en *lo que hacemos*, sino *en quién creemos*.

La única manera en que podremos superar nuestro pasado es si nos negamos a definir quiénes somos por lo que hemos hecho y por lo que los demás nos han hecho a nosotros. Si continuamos encontrando nuestra identidad en nuestros fracasos, entonces estaremos siempre aprisionados por nuestro pasado. No hay forma de poder cambiarlo; es imposible alterar la cosas que ya hemos hecho.

Si depositamos nuestra confianza en nuestra capacidad de encontrar un sentido de justicia por medio de nuestras acciones, el pasado continuará dominándonos. Solo si reconocemos la debilidad de nuestra carne, podemos, entonces, darnos cuenta de lo inútil de nuestras acciones pasadas. La clave para alejarnos del pasado es aprender a *disfrutar* una justicia que no es nuestra, y que nunca podría ser establecida por nosotros.

La gracia de Dios nos permite vivir una vida piadosa

Si creemos realmente que Cristo es nuestra justicia, y que es sólo gracias a Él que podemos estar de pie delante de Dios, entonces comenzaremos a vivir de esa manera. Las personas que creen que comprenden lo que es la gracia, pero continúan viviendo en el egoísmo de su propia carne, en realidad no entienden para nada la gracia de Dios. Observe qué es lo que dice en Tito 2.11,12:

> *«Porque la gracia de Dios se ha manifestado para salvación a todos los hombres, enseñándonos que, renunciando a la impiedad y a los deseos mundanos, vivamos en este siglo sobria, justa y piadosamente.»*

La gracia de Dios no es una manta que echamos sobre nuestras vidas para impedir que Dios vea nuestros actos de desobediencia. Más bien, la gracia de Dios estimulará nuestra fe en el poder de la cruz y en la sangre de Jesús. Su gracia va a lograr que nos perdamos de vista a *nosotros mismos* a la luz de su gloria y amor, lo cual resultará en la transformación de nuestras almas.

Cuando descubrimos nuestra identidad en Él, nuestra forma de vivir comenzará a reflejar nuestro nuevo sentido de identidad. Cuando nos vemos establecidos en su justicia, viviremos como alguien que ama la justicia y odia la iniquidad.

Aun cuando nos sintamos todavía responsables por lo que hemos hecho, si nos permitimos seguir sintiéndonos culpables, continuaremos identificándonos con nuestras acciones pasadas, elevándolas a un lugar por encima de la cruz. Como resultado, nos polarizaremos del sentido del amor, liberación y poder vigorizante de Dios.

LA CRUZ NOS LIBERA DE UNA MENTALIDAD DE VÍCTIMA

Otra de las razones por las cuales es muy importante que nos demos cuenta de cuál es el fundamento de nuestra justicia es para evitar que nos polarice una mentalidad de víctima. No podemos permitir que la idea de que somos víctimas de las circunstancias nos seduzca. Si no escapamos del pasado por medio de la cruz, nos veremos tentados a culpar a todos los demás por la condición en que se encuentran nuestras vidas.

En Juan 5.1-8 encontramos la historia de cómo Jesús cura a un paralítico en el estanque de Betesda. Hay varios hechos muy interesantes en esta historia que le echan luz a un enemigo llamado «la mentalidad de víctima».

Cuando Jesús se aproximó al estanque, le preguntó al hombre lisiado: «¿Quieres ser sano?» Él deseaba averiguar en qué había colocado este hombre su fe. ¿Se había resignado a ser un enfermo toda la vida? ¿Deseaba realmente sanarse o lo complacía la libertad de toda responsabilidad que le brindaba su enfermedad?

Observe que el hombre paralítico nunca contestó directamente la pregunta. Su respuesta expuso su «mentalidad de víctima». Cuando se le preguntó si deseaba sanarse, comenzó a quejarse de que no tenía a nadie que lo pusiera en el agua como los demás. «Es la culpa de otro que estoy todavía enfermo. Si alguien hiciera "tal y cual cosa", yo podría estar bien.» Esta actitud ha invadido la mente de muchos creyentes, paralizándolos e impidiendo que tengan una vida de gozo, y a la vez productiva.

La verdad del asunto es que en el momento que recibimos a Jesús como nuestro Salvador, somos redimidos de la autoridad del mundo de las tinieblas y somos transferidos a su reino. ¡Nacemos de nuevo! Llevamos el nombre de Jesús. Tenemos su naturaleza. ¡Poseemos su semilla de grandeza! El Más Grande vive en nosotros.

Usted puede haber sido abusado de alguna manera durante su niñez, ya sea física, mental o sexualmente. Es posible que su vida esté hecha trizas debido a sus malas elecciones. O puede que se haya encontrado en una relación de abuso con un cónyuge, miembro de la familia o amigo. No es mi deseo minimizar el dolor que pueda estar experimentando. Pero la gracia y el amor de Dios son más grandes que lo que le ha ocurrido en el pasado.

> «LA MUERTE DE JESÚS EN LA CRUZ SOBREPASA Y TIENE MÁS PESO QUE CUALQUIER COSA QUE USTED PUEDA HABER HECHO O QUE ALGUIEN LE HAYA HECHO A USTED.»

En Juan 1.12,13 leemos: «Más a todos los que le recibieron, a los que creen en su nombre, les dio potestad de ser hechos hijos de Dios; los cuales no son engendrados de sangre, ni de voluntad de carne, ni de voluntad de varón, sino de Dios.» Esto significa que no importa cuáles sean nuestros orígenes, somos nacidos de su Espíritu; tenemos la capacidad de asumir las características de la personalidad, las pasiones y el carácter de Dios.

La pregunta que debemos hacernos es: ¿Con quién nos vamos a identificar? Si lo hacemos con el pasado —o sea con los síntomas, las carencias y el miedo— nos aprisionaremos a nosotros mismos con nuestras propias enfermedades. Seremos impotentes en la vida, siempre pensando que somos el que tiene carencias ¡en vez de vernos como el que Dios utiliza como su expresión de vida, amor y poder!

Romanos 5.17 nos dice que podemos reinar como reyes en esta vida a través de la gracia de Dios.

«Pues si por la transgresión de uno solo reinó la muerte, mucho más reinarán en vida por uno solo, Jesucristo, los que reciben la abundancia de la gracia y del don de la justicia.»

Cuando elegimos identificarnos con el Más Grande que hay, algunas cosas asombrosas comienzan a ocurrir:

- El coraje reemplaza a la timidez.
- La confianza reemplaza a la vergüenza.
- La fe reemplaza al temor.
- El amor conquista a la amargura.

Cuando depositamos nuestra fe en su sacrificio eterno, podemos experimentar poder sobre la influencia de nuestro pasado. Elija verse en la forma que Dios declara que usted es. ¡El ayer se terminó! No existe persona alguna ni circunstancia que lo puedan aprisionar.

La muerte de Jesús en la cruz sobrepasa y tiene más peso que cualquier cosa que usted pueda haber hecho o que alguien le haya hecho a usted.

8

La sangre de Cristo y su pasado

En los últimos años hemos escuchado mucho acerca del maravilloso pacto de sangre que existe entre el Padre y el Hijo, y los beneficios que compartimos como herederos de Jesús. A pesar de que esta es una gran verdad, es sólo una faceta en el hermoso diamante de nuestra redención. Cuando miremos lo que dicen las Escrituras acerca de la sangre de Jesús, el Espíritu nos revelará la importancia de la sangre cuando se aplica a nuestro pasado. Para comprender la importancia de esto, así como también el poder de la sangre que podemos experimentar en nuestro presente, debemos regresar al comienzo.

> *«Entonces Jehová Dios formó al hombre del polvo de la tierra, y sopló en su nariz aliento de vida, y fue el hombre un ser viviente.»*
>
> —Génesis 2.7

Otra posible traducción sería que el hombre fue un «alma» viviente. Dese cuenta que una vez que Adán fue creado, poseía físicamente todo lo que necesitaba para vivir, pero estaba sin vida. No fue hasta el momento en que Dios le sopló aliento de vida en su nariz que Adán cobró vida. En ese momento, la vida de Dios penetró en él. Es necesario prestar atención a un versículo que se encuentra en el libro de Levítico, el cual nos da una mejor comprensión de la creación del hombre.

> *«Porque la vida de la carne en la sangre está.»*
>
> —LEVÍTICO 17.11

De acuerdo con este versículo, es la sangre la que le da vida a la carne.

Mientras Adán estaba allí, sin vida, la Biblia dice que el Espíritu de Dios sopló a través de Adán, creando sangre en él, y por lo tanto otorgándole vida eterna. Cada parte de Adán fue creada con elementos de esta tierra, excepto la sustancia misma que le daría vida a su carne y a su alma: la sangre. La sangre de Adán no tenía nada que ver con esta tierra. Era divina, creada por el Espíritu, directamente de las entrañas mismas de Dios. Esta es una verdad vital, porque fue esta sangre y el Espíritu de Dios los que le permitieron a Adán tener una relación y conectarse perfectamente con Dios. ¡Era, realmente, nacido de lo alto! Adán se convirtió en un alma viviente. Esto significa que Adán pensaba como Dios; experimentaba las pasiones que Dios experimentaba. Era la vida de Dios fluyendo a través de su sangre la que le permitió gozar de la intimidad con su Padre.

LA GLORIA DE DIOS Y LA SANGRE

Cuando continuamos con esta historia del libro de Génesis, vemos que Adán y Eva desobedecieron a Dios y comieron del fruto del árbol prohibido. En Génesis 3.7 leemos:

> *«Entonces fueron abiertos los ojos de ambos, y conocieron que estaban desnudos; entonces cosieron hojas de higuera, y se hicieron delantales.»*

Adán y Eva vieron que estaban *desnudos* y cosieron hojas de higuera para cubrir su desnudez. Cuando Adán y Eva pecaron, su sangre se mancilló. Se convirtieron en mortales y de inmediato Dios retiró su presencia de delante de ellos. Fue la obra del Espíritu la que le impartió la sangre que otorga vida a Adán. La sangre les trajo la presencia de Dios a Adán y Eva.

En el Antiguo Testamento la palabra *gloria* representa el Espíritu y la presencia de Dios. En el hebreo, la palabra *gloria* es la palabra *chabod*, la cual se traduce «peso» o «sustancia». La presencia de Dios descansaba sobre Adán y Eva a través del vehículo de la sangre que trajo peso y sustancia a sus vidas. Su Espíritu les dio su sentido de sustancia e importancia. En el momento en que desobedecieron, Adán y Eva estaban aún completamente vestidos con la gloria de Dios, con su presencia. Pero Dios mismo había dicho: «Mas del árbol de la ciencia del bien y del mal no comerás; porque el día que de él comieres, ciertamente morirás.» Después de su desobediencia, los ojos de Adán y Eva se abrieron y fueron conscientes de su desnudez. No era la ausencia de ropa lo que les causó su desnudez. *Era la ausencia de su presencia.* Ellos mismos admitieron que aun después de haberse confeccionado ropas, sabían que todavía estaban desnudos (Génesis 3.10).

Hay muchas personas hoy que todavía tratan de confeccionarse sus propias ropas para cubrir la sensación que tienen de que están incompletos y vacíos. Ya sea que lo hagan tratando de obtener riquezas, poder, posición, la aprobación de los demás, drogas o sexo ilícito, todas estas cosas son inútiles y nos dejan vacíos, temerosos y llenos de vergüenza. Amigo, ¡no existe sustituto para la presencia y la gloria de Dios en nuestras vidas!

En este relato de Génesis vemos el vehículo por el cual Dios restauró su Espíritu nuevamente a aquellos que llevan su imagen. Génesis 3.21 dice: «Y Jehová Dios hizo al hombre y a su mujer túnicas de pieles, y los vistió.»

Adán y Eva no estaban vestidos hasta que Dios mismo fue y mató con sus propias manos un animal. Pero aun en este acto simbólico, no fueron las túnicas de pieles las que los vistieron; fue la sangre que tuvo que ser derramada lo que permitió que la presencia de Dios descansara sobre ellos.

Mi amigo, desde el comienzo Dios ordenó que sería a través del derramamiento de sangre que Él restituiría su gloria sobre su pueblo. Se llevaría a cabo por medio del derramamiento de la sangre del perfecto Adán, quien destruiría el poder del pecado y haría que su Espíritu habitara en el hombre. Por lo tanto, la relación del hombre con su creador sería restaurada.

Por ejemplo, ¿cuál fue la diferencia entre el sacrificio de Caín y el de Abel? (Véase Génesis 4.1-8.) Ambos le trajeron los primeros frutos a Dios, sin embargo Dios aceptó el sacrificio de Abel y rechazó el de Caín. La diferencia fue que Caín ignoró la fórmula de Dios para la adoración. Lo más probable es que Caín haya escuchado muchas veces la historia de la desobediencia de sus padres. Sabía que las plantas no podían pagar por el pecado, pero de todas maneras las usó. Sabía que se requería el derramamiento de sangre. En Hebreos 9.22 leemos: «Y casi todo es purificado, según la ley, con sangre; y sin derramamiento de sangre no se hace remisión.»

Caín insistió en traer un sacrificio sin sangre delante de Dios. Caín deseaba adorar a Dios *a su manera,* y no a *la manera de Dios.*

La adoración de Abel al Señor incluía los ingredientes necesarios para el derramamiento de sangre, lo cual era el tipo y la anticipación de lo que sería el sacrificio máximo de Dios: la vida de su propio Hijo. A través de todas las Escrituras vemos una relación entre el Espíritu y la sangre. Cada vez que se derramaba sangre en el culto de adoración, la gloria de Dios se manifestaba.

La Biblia dice que durante el tiempo de adoración,

cuando Salomón dedicó el templo, la cantidad de ovejas y de bueyes sacrificados fue tan grande que no podían contarse ni numerarse (1 Reyes 8.5). Como resultado dice:

> *«Y cuando los sacerdotes salieron del santuario, la nube llenó la casa de Jehová. Y los sacerdotes no pudieron permanecer para ministrar por causa de la nube; porque la gloria de Jehová había llenado la casa de Jehová.»*
>
> —1 Reyes 8.10,11

Es claro que a través de la sangre Dios haría que su presencia descansara sobre el hombre. En el Nuevo Testamento vemos que fue por medio de la sangre de Cristo que la presencia de Dios pudo habitar nuevamente en el hombre.

El poder de la sangre

Dios mismo profetizó en Génesis 3 acerca de una simiente que provendría del mismo ser engañado por Satanás: la mujer. (Véase Génesis 3.15.) Él heriría el calcañar de esta simiente, pero la simiente lo heriría en la cabeza. Miles de años más tarde, una mujer llamada María le dio nacimiento a esta Simiente, Jesús, al cual se refiere 1 Corintios 15.45 como «el último Adán». Concebido por el Espíritu Santo, su sangre no era de esta tierra. Era divina y sobrenatural; llevaba dentro de sí vida eterna. Una vez más Dios tiene un hombre perfecto en la tierra.

Preste atención a lo que las Escrituras dicen acerca de la sangre de Jesús en Hebreos 9.13,14:

> *«Porque si la sangre de los toros y de los machos cabríos, y las cenizas de la becerra rociadas a los inmundos, santifican para la purificación de la carne, ¿cuánto más la sangre de Cristo, el cual mediante el Espíritu eterno se ofreció a sí mismo sin mancha a Dios, limpiará vuestras conciencias de obras muertas para que sirváis al Dios vivo?»*

Cristo tomó su vida de perfecta obediencia y derramó su sangre en la cruz. La sangre representa su vida de humildad y de entrega a la voluntad del Padre. La sangre de Jesús va más allá de simplemente cancelar las acciones equivocadas del hombre. De acuerdo con las Escrituras, la sangre lleva en sí el poder de limpiar al hombre de su inclinación interna a la rebelión. Sólo la sangre podía ir más allá del velo de la carne, destruyendo su derecho a gobernarnos. La sangre va más allá de la expiación del pecado de la carne; en realidad, limpia la conciencia, infundiéndole al hombre la naturaleza de Dios, invadiéndolo con vida eterna. Como resultado, la sangre permite una vez más disfrutar de una relación íntegra con Aquel cuya imagen lleva. Esta es una verdad fundamental de la sangre de Jesús. Si yo deposito mi fe en el poder de su sangre, puedo esperar liberación del poder del pecado.

UNA CONCIENCIA SUCIA

Esta obra de expiación de la sangre no sólo significa que puedo vivir por encima del poder de la carne, sino que la expiación de obras muertas significa también que puedo vivir libre de la sensación de culpa y vergüenza que trae el pecado. Dios, a través de la sangre, se ocupó del pecado en su totalidad. No sólo del *poder* del pecado, sino también de la *culpa* del pecado.

La sangre de Cristo limpiará nuestra conciencia de obras muertas para poder así servir al Dios vivo (Hebreos 9.14). La *conciencia* es aquella parte de nosotros que puede discernir entre lo correcto y lo incorrecto. La conciencia también testifica acerca del estado de nuestro corazón. Por ejemplo, la conciencia le hablará al alma cuando hemos vivido en forma piadosa y santa.

Observe lo que dice el apóstol Pablo en 2 Corintios 1.12:

«Porque nuestra gloria es esta: el testimonio de nuestra conciencia, que con sencillez y sinceridad de Dios, no con sabiduría humana, sino con la gracia de Dios, nos hemos conducido en el mundo, y mucho más con vosotros.»

A pesar de las acusaciones levantadas en contra de Pablo y sus compañeros en el ministerio, Pablo sabía que no tenía razón alguna para sentirse avergonzado. Su conciencia le daba testimonio de que se había conducido con santidad. En la misma forma, cuando hemos elegido vivir fuera de los límites de la Palabra de Dios, el Espíritu Santo utiliza la conciencia para traernos convicción de pecado.

Satanás va a tratar de pervertir este proceso. No seremos nunca perfectos en esta vida y Satanás utiliza nuestra imperfección para traer vergüenza a nuestra conciencia. La emoción que sigue es la culpa, la cual es la falsificación de la convicción. Permítame explicarle lo que quiero decir. La *culpa* es más que comprender nuestra responsabilidad por nuestro propio comportamiento. Es un sentido abrumador de autorreproche. Esto resulta en una sensación de incompetencia, la cual nos conduce a identificarnos tan completamente con las acciones del pasado que perdemos las esperanzas de poder vivir alguna vez más allá de nuestros fracasos. Por consiguiente, tenemos una constante sensación de aprensión delante de Dios. Comenzamos a creer que Dios nos ha rechazado y que ha retirado su amor y su gracia de nuestras vidas.

Con respecto a la culpa, existe otro fenómeno que también tiene lugar en nuestras vidas. La sensación de culpa no proviene solamente de pecados reales que hemos cometido, sino que puede provenir asimismo de hechos que percibimos como pecados. Con esto quiero decir que podemos experimentar una sensación de culpa, pero sin realmente poder identificar el origen de ella. Muchos cristianos buscan recibir perdón de Dios, pero no lo encuentran a causa de la culpa percibida. Ellos creen que Dios *no los ha perdonado ni los perdonará jamás.* Y la verdad es que

Dios no los puede perdonar ¡porque no han hecho nada malo!

Esta vaga sensación de culpa sin un origen cierto es la principal diferencia entre la *culpa* y *la convicción del Espíritu Santo.* Cuando el Espíritu Santo trae convicción, es siempre específica. Cuando Dios lo ilumina con su Palabra, usted sabe exactamente en qué lugar se han desviado sus pensamientos y acciones. Él trae convicción específica para una desobediencia específica.

Además, la convicción del Espíritu Santo siempre trae esperanza; la esperanza de ser libres como asimismo la garantía de su amor y su misericordia. La culpa nos hace perder las esperanzas. Está acompañada por pensamientos tales como: No me veré nunca libre de estos pecados. O, estoy seguro de que Dios me ha abandonado para siempre. La culpa nos arrebata la esperanza y nos hace escondernos de Dios. La culpa se origina en el infierno y es generada por Satanás.

> «LA SANGRE DE JESÚS DA TESTIMONIO DE LA VICTORIA DE LA CRUZ Y DECLARA QUE EL PODER DEL PECADO HA SIDO QUEBRANTADO.»

La convicción es un regalo del Cielo y se origina en el Espíritu. La convicción nos impulsa a correr *hacia* Dios; la culpa nos hace correr *de* Dios. La convicción nos hace *conscientes de Dios;* la culpa nos hace *conscientes de nosotros mismos.* La sensación de culpa nos arrebata la paz y la confianza que tenemos delante de Dios.

¿Cuál es, entonces, la respuesta al alma que está constantemente atormentada por la culpa?

Observe nuevamente el hecho de que es la sangre de Jesús la que nos limpia la conciencia de obras muertas. La sangre de Jesús está tan viva hoy como lo estaba cuando fluía por las venas del Hijo de Dios. Ella nos limpia y nos purga de esa sensación de fracaso, ineptitud y culpa. La sangre da testimonio de la victoria de la cruz. Declara que el poder del pecado ha sido quebrantado. Cuando depositamos nuestra fe en su sacrificio y en su sangre, experimentamos su perdón. Cuando depositamos nuestra confianza en su sangre, perdemos la sensación de desesperanza y de culpa. Una sensación de perdón y de misericordia reemplaza a nuestra conciencia culpable. La confianza en Dios reemplaza nuestros intentos por escondernos de Él. Es por esta razón que podemos, con valentía, entrar en la presencia de Dios con seguridad y gozo.

Mire lo que dice el autor del libro de Hebreos:

> *«Así que, hermanos, teniendo libertad para entrar en el Lugar Santísimo por la sangre de Jesucristo ... acerquémonos con corazón sincero, en plena certidumbre de fe, purificados los corazones de mala conciencia, y lavados los cuerpos con agua pura.»*

No vivimos por mérito propio, sino que por su mérito, su preciosa sangre nos recuerda constantemente este hecho. Deposite hoy su fe en esa corriente que lo lava. Acepte el sacrificio que hizo por usted. Celebre su victoria que cubre sus fracasos. ¡Permita que su sangre lave la culpa de su conciencia, liberando su alma para cantar y declarar su poder y su amor!

9

CÓMO ENCONTRAR NUESTRA VALÍA EN SU AMOR

Todo le daba vueltas en su mente cuando recordaba el terror que sintió al descubrir por primera vez la mancha blanca en la piel. Al poco tiempo le era imposible esconder la enfermedad contagiosa debajo de la ropa. También recordaba la parte más dolorosa de su enfermedad: las miradas frías y despectivas.

Todo ocurrió tan rápido...

De repente, el ruido de la muchedumbre lo lanzó de nuevo al presente y se vio rodeado de caras llenas de odio. Rostros de personas que alguna vez había creído que eran sus amigos.

«¡Sucio pecador!», le espetó con enojo el gentío, mientras que lo arrastraban varios metros para llevarlo a las afueras del pueblo. Con el sabor del polvo aún en su boca, el marginado se derrumbó al suelo, abatido por una ola de dolorosas emociones. Le costaba más soportar la vergüenza y la deshonra que el conocimiento de su muerte inminente por esta condición infernal.

Lepra, la sentencia de muerte de Dios para el pecador. El juicio de Dios para el imperfecto. Por lo menos esto era lo que decían los líderes religiosos.

Transcurriría algún tiempo hasta que el leproso se animara a volver al pueblo. Pero lo hizo al poco tiempo de escuchar las noticias que empezaron a correr por la colonia, acerca de un hombre llamado Jesús, un líder religioso con un mensaje diferente. Jesús no predicaba, *¡con Él las cosas ocurrían!* Gracias a Él, los ciegos veían; los sordos oían; parecía como que ninguna enfermedad podía resistir su toque.

«"SÍ, ÉL QUIERE; PERO, ¿POR QUÉ QUERRÁ?" DENTRO DE LA RESPUESTA A ESA PREGUNTA SE ENCUENTRA LA ESENCIA DEL EVANGELIO.»

«Si existe alguien que puede quitar esta maldición, ese es Jesús», razonaba el leproso. Era consciente de las posibles consecuencias de volver al pueblo: una lenta pero segura muerte por apedreamiento. Pero aun así, la muerte por apedreamiento sería rápida en comparación a ver cómo su cuerpo se deterioraba lentamente. «No tengo nada que perder», concluyó. Su decisión no sólo cambió su vida, sino que me ayudó a cambiar también la mía.

En Marcos 1.40-42 leemos el resto de esta historia:

> *«Vino a él un leproso, rogándole; e hincada la rodilla, le dijo: Si quieres, puedes limpiarme. Y Jesús, teniendo misericordia de él, extendió la mano y le tocó, y le dijo: Quiero, sé limpio. Y así que él hubo hablado, al instante la lepra se fue de aquél, y quedó limpio.»*

En el pasado he escuchado sermones maravillosos de este pasaje. La mayoría contrastaban nuestra creencia en la capacidad de Dios mientras que cuestionaban su deseo de demostrar su capacidad para ayudarnos. Sé que Dios es todopoderoso y puedo aceptar el hecho de que Él está dispuesto a ayudarnos. Pero mientras pensaba en estos versículos, me golpeó una pregunta más profunda: «Si Él quiere; pero, ¿por qué querría?» Dentro de la respuesta a esa pregunta comencé a descubrir por primera vez como cristiano la esencia del Evangelio.

La mayoría de nosotros creemos que la razón por la cual Dios envió a su Hijo fue para salvar nuestras almas del infierno. A riesgo de sonar como un hereje, deseo decir que esa no es la razón por la cual Dios envió a su Hijo a esta tierra. Ahora, el que elige recibir el don gratuito de Dios de la vida eterna —la cual es proporcionada por la muerte de Cristo y su resurrección— es rescatado del infierno. Y el que no acepta este maravilloso regalo se pasa toda la eternidad separado de Dios. Pero si creemos que esa es la razón por la cual Jesús murió en la cruz, entonces tendremos dificultad en relacionarnos con Dios por el resto de nuestras vidas cristianas.

Marcos 1.41 dice que Jesús «tuvo misericordia». La *misericordia* se refiere a una emoción que brota de lo mas profundo del ser humano. Esta era una pasión violenta, una pasión que le impidió a Jesús *no* responder y extender una mano. Jesús no pudo evitar el ayudar a este hombre. No lo hizo por *simpatía;* eso sería algo muy distante. Usted y yo podríamos sentir simpatía por alguien y sin embargo no involucrarnos. No lo hizo por *lástima;* eso también sería una actitud demasiado condescendiente. *¡Lo que movió a Jesús fue amor!* El amor siempre requiere acción. Juan 3.16 dice:

> *«Porque de tal manera amó Dios al mundo, que ha dado a su Hijo unigénito, para que todo aquel que en él cree, no se pierda, mas tenga vida eterna.»*

Normalmente, enfatizamos la última parte de este versículo: Si usted y yo recibimos a Jesús, podemos evitar el tener que pasar toda la eternidad en el infierno. Si bien esto es verdad, debemos recordar que la última parte de este versículo, la promesa de vida eterna, se encuentra allí solamente por lo que dice al principio del versículo: «Porque de tal manera amó Dios al mundo.»

Por medio de la religión que los líderes religiosos le habían enseñado a este leproso, le habían arrebatado su sentido de estima y de valor. Las crueles manos de los que estaban en control habían aplastado sus esperanzas. Cuando Jesús extendió su mano y lo tocó, declaró en voz alta el valor y la autoestima de este leproso. No era una valía que provenía de un sacrificio de deber religioso. No provenía de la cuidadosa obediencia a reglas autoimpuestas. Provenía del amor de Jesús hacia aquellos que nadie amaba. Al hacer esto, Jesús decretó para siempre el valor y la importancia de la vida de este leproso. Este acto de compasión no tenía nada que ver con el leproso y sí con Jesús. No había nada que pudiera hacer el leproso para fabricar este amor de Jesús hacia él, ni había tampoco nada que él pudiera hacer para reducirlo. Fue amor incondicional. Fue lo que Jesús era. Era la naturaleza del amor.

Toda mi vida basé mi valor como persona en lo que hice por Dios. Estaba convencido de que cuando fallaba de alguna manera, mi fracaso minimizaba el amor de Dios y su aceptación. No podía comprender que el amor de Dios por mí era realmente incondicional.

Por consiguiente, a través de mi servicio a Dios traté de ganarme su favor. Y no sólo era importante ganarme su favor, también necesitaba desesperadamente la aceptación de aquellos que me rodeaban. Vivía constantemente llevando cuentas en mi cabeza, siempre con la esperanza de que al final del día mis buenas acciones sobrepasaran a las malas.

Parecía que cuanto más trataba de resistir la tentación, tanto más me debilitaba. Jamás experimentaba paz; si alguna vez sentía algo de ella, no duraba mucho tiempo.

Finalmente llegué al punto en que estaba cansado de tratar de vivir cada día en la fortaleza de mi propia fuerza de voluntad. Todas las mañanas abría los ojos bajo el apabullante peso de ese manto familiar de opresión, frente a la perspectiva de otro nuevo día de esfuerzo por ganarme su amor.

Esta filosofía de pensamiento, sobre la cual había construido el castillo de mi vida, se derrumbó aquel nefasto domingo de noviembre a la noche. Aun cuando sostenía la pistola en mi mano, sabía que no me quedaba nada para ofrecerle a Dios. Pero a diferencia del leproso, mi enfermedad —así como mi vergüenza y desesperanza— me las había ocasionado yo mismo. Me había cavado ese horrible pozo a través de mi propio pecado. Mi vida había sido devastada por la enfermedad de la inseguridad y del orgullo. Todo lo bueno que Dios me había dado lo había aplastado bajo el calcañar de mi propia rebelión. Había pecado contra Dios... casi destruyo mi matrimonio... perdí mi iglesia... y destruí la confianza de la gente.

Mi vida era un páramo repleto de escombros de promesas quebrantadas y de sueños hechos añicos. Un páramo que yo mismo había creado por medio de mis elecciones egoístas. Cuando me encontré sentado en el medio de toda esa destrucción, no tuve otro lugar a donde dirigirme más que a Aquél a quien había estado resistiendo todo ese tiempo. Honestamente, no tenía idea de cuál sería su respuesta. Sabía muy bien lo que me merecía, pero me chocó lo que escuché.

Permítame contarle primero qué es lo que no escuché. No escuché una crítica mordaz, cargada de frases tales como: «Te lo dije», sino a Dios que me hablaba; que me decía estas palabras:

«Mike, he rescatado tu vida de la destrucción y del abismo, y le he restaurado su belleza y dignidad.» (Véase Salmo 103.3,4.)

«Pero Dios», lo interrumpí, «sé que puedes ver lo que

he hecho y el desastre que he. .»

Él continuó: «Mike, escúchame... te he dicho que he redimido tu vida de la destrucción...»

Nuevamente lo interrumpí: «Pero Dios, ¿cómo? Y aun más importante... ¿por qué?"

Mi corazón se derritió lentamente cuando Él concluyó con estas palabras: «Para coronar tu vida con mis favores y misericordias. Y eso, Mike, ¡no tiene nada que ver contigo y tiene todo que ver conmigo!

EL AMOR DE DIOS CONSTRUYE SEGURIDAD

Llegué a la increíble conclusión de que Dios me amaba tanto cuando estaba sentado en el club de *strip-tease* como en el momento en que me arrepentí genuinamente. Al descansar en su pasión por mí, fui liberado de las otras pasiones que me habían esclavizado. En el capítulo 5 de este libro mencioné que la inseguridad es la puerta de entrada al engaño. La revelación del amor de Dios es la única forma de cerrar la puerta a la inseguridad. Al encontrar nuestra seguridad en su amor, nuestros corazones se aquietan y Dios nos da su capacidad para enfrentar las tentaciones. Pablo escribe:

> *«Pero Dios, que es rico en misericordia, por su gran amor con que nos amó, aun estando nosotros muertos en pecados, nos dio vida juntamente con Cristo (por gracia sois salvos).»*
>
> —EFESIOS 2.4,5

El motivo detrás de la redención es el hecho asombroso de que Dios no está dispuesto a perdernos. Su amor es tan intenso que debe ser satisfecho. Por lo tanto, ¡usted y yo nos convertimos en el objeto de su satisfacción! Somos el objeto de su gozo.

La inutilidad de nuestras obras para obtener su aceptación

Cuando descubrí su amor por mí, pude escaparme de la trampa de intentar ganarme el amor de Dios y su aceptación por medio de mis buenas obras. Pude dejar de hacer lo correcto a través de las motivaciones incorrectas, como cuando ponía mi confianza en lo que podía hacer, aunque con la sensación de que no había hecho lo suficiente.

En el décimo capítulo de Marcos, la Biblia da un ejemplo de la trampa inútil de tratar de ganarnos el favor de Dios. En este pasaje vemos una escena interesante entre Jesús, el joven rico y los discípulos.

Un día, mientras Jesús caminaba por el campo, se le acercó un joven y, arrodillándose delante de Él, le dijo: «Maestro bueno, ¿qué haré para heredar la vida eterna?» (versículo 17). Este joven era rico, un influyente en su país, y deseaba saber cómo podía agregarle a sus riquezas aquello que hasta ese momento lo había eludido: la vida eterna.

Observe la respuesta de nuestro Señor: «¿Por qué me llamas bueno? Ninguno hay bueno, sino sólo uno, Dios» (versículo 18). Jesús, al conocer el espíritu en el cual se le acercaba este joven, rechaza sus halagos. Cuando Jesús continúa su conversación hace una lista de los últimos cinco de los que comúnmente llamamos los Diez Mandamientos. El joven le respondió que había guardado todos ellos desde su juventud.

«Entonces Jesús, mirándole, le amó» y, esencialmente, dijo: «Entonces lo que quiero es que liquides todos tus bienes y se los des a alguien que no puede hacer lo mismo por ti: los pobres. Luego niégate a ti mismo, toma tu cruz y sígueme» (versículo 21).

La Biblia registra esto acerca del joven rico: «Pero él, afligido por esta palabra, se fue triste, porque tenía muchas posesiones» (versículo 22).

Tanto usted como yo sabemos que esas muchas posesiones *en realidad lo poseían a él*. Al no poder entregar sus riquezas, el joven revela aquello en lo que ha depositado su confianza: *tenía más fe en el poder que provenía de las riquezas que en Jesús*. Estaba enamorado del poder de Jesús, pero no tenía ningún interés real en conocer al Salvador.

Aquí es donde la historia se pone realmente interesante. Jesús gira sobre sus talones y le dice a los discípulos: «¡Cuán difícilmente entrarán en el Reino de Dios los que tienen riquezas!» (versículo 23). Los discípulos estaban asombrados por esta declaración. En otras palabras, lo que Jesús les dijo los sacudió y los tiró a varios metros de distancia. Nuestro Señor continuó aclarando lo que había dicho: «Hijos, ¡cuán difícil les es entrar en el Reino de Dios, a los que confían en sus riquezas! Más fácil es pasar un camello por el ojo de una aguja, que entrar un rico en el Reino de Dios» (versículos 24,25).

Esto no les ayudó mucho a los discípulos, quienes a este punto clamaron en total frustración diciendo: «¡Dios mío, entonces quién puede ser salvo!»

Jesús les respondió: «Para los hombres es imposible, mas para Dios, no; porque todas las cosas son posibles para Dios» (versículo 27).

Debo decirles que no me fue difícil comprender la respuesta del joven rico. Después de todo, era obvio que estaba tratando de comprarse su camino al Cielo. Pero durante mucho tiempo no pude comprender la ansiedad de los discípulos. Especialmente más adelante, en el versículo 28, cuando Pedro asevera que han dejado todo atrás para seguir a Jesús. Aparentemente, lo que los discípulos hicieron fue algo que el joven rico no había estado dispuesto a hacer. Sin embargo, no cabe duda que lo que Jesús había dicho les molestó.

Al igual que la respuesta del joven rico, la de los discípulos expuso aquello en lo que ellos habían depositado su confianza. Jesús le dijo al joven rico: «Muchacho, no puedes *comprar* tu camino al cielo.» A los discípulos, Jesús les había dicho: «Amigos, no pueden *entregar* vuestro camino al cielo.» La fe del joven rico estaba en lo que él *poseía*. La fe de los discípulos estaba en lo que ellos habían *entregado*. Lo que Jesús dice es que ninguna de estas respuestas es suficiente para que una persona califique para la vida eterna; ni para su *aceptación*.

¿Cuál sería nuestra respuesta si después de haber hecho lo mejor posible, lo más perfectamente posible, entregándolo todo, Jesús nos dijera: «¡Esto no es suficiente!»? Bueno, si nuestra confianza está en lo que hicimos, nuestra respuesta sería, posiblemente, la misma que la de los discípulos: «Si esto no es suficiente, Jesús, ¿entonces qué es?»

La respuesta es... *¡nada!*

La razón por la cual yo tenía la constante sensación de que hiciera lo que hiciera nunca era suficiente, era, precisamente, *porque no era suficiente*. No importaba lo que hubiera hecho, nunca sería suficiente.

Como creyentes, sabemos que necesitamos a Dios. Sabemos que sin Él no tenemos esperanzas de ir al Cielo o de tener victoria aquí en la tierra. A pesar de que sabemos que lo necesitamos, existe en cada uno de nosotros una inclinación terrenal hacia la autosuficiencia. Sí, necesito de Dios, pero de alguna manera, a través de mi esfuerzo humano lo voy a alcanzar. Como si Dios fuera un cierto trofeo que me puedo ganar. Así, por medio de algunas buenas acciones, algún sacrificio extremo o alguna buena obra de caridad, me voy a ganar el premio de Dios.

Recuerde las palabras de Jesús: «Para los hombres es *imposible*.» No hay nada que podamos hacer... dar... o sacrificar que sea suficiente. No es lo que *nosotros* hacemos, sino lo que *Él ha hecho* lo que nos permite experimentar el poder de su amor que cambiará nuestras vidas para siempre. No es sino hasta que podamos reconocer nuestra impotencia e incapacidad que podremos depositar nuestra fe en su capacidad y experimentar el poder de la cruz.

¿Cuál es, entonces, el propósito de nuestras buenas obras? Simplemente esto: lo que hacemos por Él debe ser una celebración de lo que Él ya ha realizado. Nuestras buenas obras no son un servicio que le rendimos, buscando ganarnos algo que Él ya nos otorgó. Después de todo, somos nosotros los que tenemos que ser atrapados, no Dios. Él no es quien debe ser conquistado sino nosotros.

La clave de todo este pasaje de Marcos se encuentra en el versículo 21:

«Entonces Jesús, mirándole, le amó.»

Si el joven rico hubiera podido ver el amor en los ojos de Jesús, con todo gusto hubiera cambiado todo su imperio por la presencia del Maestro. La aceptación, la valía y la importancia que el joven rico trataba de alcanzar a través de sus riquezas hubieran empalidecido a la luz del amor de Dios. De la misma manera, si los discípulos hubieran comprendido el amor que Jesús tenía por ellos, se habrían dado cuenta de que la aceptación que tanto deseaban por parte de Jesús ya la habían obtenido.

Desafortunadamente, ocurre a menudo que, aquellos que debiéramos ser los que más cerca estamos de Él, somos los que más lejos estamos de su presencia.

El amor de Dios produce un verdadero quebrantamiento

En este punto experimentamos el poder de su capacidad, la cual trasciende la debilidad de nuestra naturaleza humana. Cuando estoy a la luz de su majestad me doy cuenta de que estoy en bancarrota; entonces puedo comenzar a experimentar el poder de la fe que existe en su amor. *Sólo* en nuestra debilidad experimentamos su fuerza. Esto es lo que denomino *debilidad* versus *el principio de poder.*

Por ejemplo, el apóstol Pablo oró tres veces para que se le quitara el aguijón en su carne. Después de la tercera vez, Jesús le reveló la clave para experimentar su poder:

> *«Y me ha dicho [Jesús]: Bástate mi gracia; porque mi poder se perfecciona en la debilidad.. .Por lo cual, por amor a Cristo me gozo en las debilidades, en afrentas, en necesidades, en persecuciones, en angustias; porque cuando soy débil, entonces soy fuerte.»*
>
> —2 Corintios 12.9,10

Pablo no estaba diciendo que pensaba que Dios era el autor de sus tribulaciones, pero reconocía la oportunidad para darse cuenta de su incapacidad para vencerlas. Por lo tanto, al reconocer su debilidad, se encendía su fe en el poder de la cruz, lo cual liberaba el poder sobrenatural de Dios en la vida de Pablo. No me extraña, pues, que Pablo diga en Gálatas 6.14: «Pero lejos esté de mí gloriarme, sino en la cruz de nuestro Señor Jesucristo, por quien el mundo me es crucificado a mí, y yo al mundo.»

El ejemplo supremo de este principio se encuentra en el ministerio de nuestro Señor. Leemos la referencia de Pablo al ministerio de Jesús en 2 Corintios 13.4:

> *«Porque aunque fue crucificado en debilidad, vive por el poder de Dios. Pues también nosotros somos débiles en él, pero viviremos con él por el poder de Dios para con vosotros.»*

En lo natural y según las normas del razonamiento humano, la cruz era una insensatez. Allí estaba Dios en la carne. Al mismo que había creado el universo le habían abierto el costado con una lanza, y estaba atrapado en un madero. Mientras caminó por esta tierra lo hizo con poder. Resucitó a los muertos, sanó a los enfermos y caminó sobre las aguas. Pero ahora, este mismo Cristo está sujeto por las manos frágiles y los corazones maliciosos de meros humanos. Para aquellos que observaban, el Calvario les parecía débil, sin poder e irracional. Representaba la expresión fracasada de otro soñador más que se había vuelto loco.

Sin embargo, la cruz era la máxima expresión del amor y de la sabiduría de Dios. Este sencillo plan había estado presente en el corazón de Dios desde el principio. Era la estrategia de Dios para desbaratar los planes de Satanás en contra de los cielos. Era fundamental que Jesús, en su humanidad, fuera crucificado en debilidad. Fue por medio de la debilidad de la carne de Cristo que el poder del Espíritu de Dios pudo resucitarlo a la vida para siempre. ¡Es también, cuando aceptamos la debilidad de nuestra carne, que experimentamos el poder de su Espíritu, despertando nuestras vidas mortales!

Esto es a lo que me refiero cuando hablo de *quebrantamiento*. El quebrantamiento de Dios no lo constituyen las enfermedades, dolencias, pobreza y calamidades permitidas por Dios. Ninguna de estas cosas requeriría la obra sobrenatural del Espíritu Santo. Sería totalmente contrario a la verdadera naturaleza de Dios cometer estos actos de crueldad en contra de sus hijos.

El quebrantamiento viene como resultado de la revelación del Espíritu Santo, señalando la intensidad de nuestra debilidad para lograr algo para Dios o para lograr la obra tan necesaria de Dios dentro de nuestras vidas. Cuando llegamos a este punto, estamos quebrantados. Entonces nos invade la increíble belleza de Dios y la majestad de su amor. Cuando su pasión se apodera de nosotros, nace la fe en Dios; de ese modo se desata su poder para realizar sus obras de liberación, sanidad, restauración y establecimiento de nuestros corazones.

CÓMO DESCUBRIR SU PLACER

Una vez escuché la historia de dos hombres que asaltaron una gran tienda. Lo que me llamó la atención fue que no se robaron nada. En cambio, cambiaron todos los precios. Intercambiaron etiquetas. A un aparato de vídeo de $200 le colocaron una etiqueta de $60, y a una aspiradora de $70 le colocaron una etiqueta de $200. ¡Lo más asombroso es que al día siguiente tardaron cuatro horas en darse cuenta de los cambios!

Pienso que esta es una perfecta descripción de lo que le ha ocurrido a nuestra sociedad. Le damos muchísimo valor al entretenimiento y al talento, Pero muy poco al carácter. Votamos a los políticos con la esperanza de que mejoren nuestra calidad de vida y no nos preocupa el hecho de que no podemos confiar en ellos.

Satanás irrumpió en la tienda de Dios y comenzó a cambiarle las etiquetas de precios al tesoro máximo de Dios: usted. Luego, trató de convencernos de que aceptáramos el precio barato que nos asignó. Jesús vino a este mundo y expuso al ladrón, demostrándonos nuestro valor verdadero y desafiándonos a que nos arranquemos las etiquetas y vivamos nuestra realeza. Nuestra valía fue lo que impulsó a nuestro Creador a venir en nuestra semejanza humana, a dar su vida, a tomar sobre sí su propia ira e indignación, a derramar su propia sangre, a resucitarse a sí mismo de la muerte y a conquistar la muerte; todo esto solamente para poder restaurar nuestra relación con Él. ¡Y sólo porque nos ama! Piense acerca de todo esto la próxima vez que Satanás intente ponerle encima una etiqueta de rebaja por medio de la tentación.

Pablo dijo que el amor de Dios nos *constriñe* (2 Corintios 5.14). Otra manera de decir esto sería que el amor de Dios nos *obliga*. Su amor puede obligarnos a vivir vidas piadosas e íntegras. El comprender su amor no nos da permiso para vivir según los deseos de la carne, sino que, más bien, traza parámetros en nuestras vidas.

Por ejemplo, ya no sucumbo a la tentación de la pornografía y la inmoralidad porque ahora sé que ya no tengo que hacerlo. No necesito llenar el vacío del rechazo tratando de llenarme de poder a través del sexo. ¡Soy amado! Soy aceptado por Dios. Él declara que mi valor es más grande que el precio que me asignó Satanás. El poder del amor de Dios nos da fuerzas para creer, nos da el deseo de seguir adelante, la libertad para amar, el coraje de reírnos en la cara misma de la adversidad y la fe para vivir en santidad.

¿Se está preguntando aún cuál es el placer de Dios? Bueno, la respuesta es, *usted*. No importa cómo solía sentirse en el pasado, *¡usted tiene valor!* su vida cuenta. Usted es importante. No hizo nada para ganarse todo esto, y no habrá nada que pueda hacer para borrar esta realidad. ¡Dios lo ama!

10

Cómo renovar su mente en lo que respecta a su pasado

Hemos discutido a fondo el tema de la gracia de Dios y nuestra falta de capacidad para ganarnos su favor y su amor. Lo que hacemos no incrementa el amor de Dios por nosotros, pero nuestras elecciones hacen una diferencia en nuestras vidas aquí en la tierra. Existen ciertas disciplinas que podemos incorporar, las cuales nos ayudarán a recibir el poder de la gracia de Dios en nuestras vidas. En los capítulos restantes compartiré acerca de las disciplinas que me han ayudado a experimentar el poder de Dios y establecer mi identidad en Cristo.

Echemos una mirada a una época más temprana de mi vida. Hacía apenas dos meses que era cristiano y no estaba seguro de lo que quería hacer conmigo mismo. Por consiguiente, decidí tomar algunas clases en la universidad. Me anoté en una clase para estudiar acerca de las distintas religiones del mundo, imaginando que íbamos a pasar la mayor parte del tiempo estudiando acerca del cristianismo. Me equivoqué. Pronto descubrí que el profesor estaba enamorado de las religiones orientales.

Durante una de las clases en particular, el instructor

decidió que nos íbamos a sentar en un círculo para practicar el arte de la meditación oriental. Me sentí muy incómodo cuando todos comenzamos a repetir al unísono un «hum» con la boca cerrada. Después de algún tiempo, el instructor preguntó si alguien sentía algo. Yo tenía ganas de decirle: «Sí, yo siento algo. Siento que todo esto es una pérdida de tiempo.» Ese fue mi primer contacto con el arte de la meditación.

Por consiguiente, cuando vi la palabra *meditación* en la Biblia, me acordé de inmediato de aquella experiencia en mi clase de religión. Por cierto que no tenía ningún deseo de sentarme en el piso a expresarle algo con la boca cerrada al Señor. Poco a poco comencé a entender la diferencia entre la meditación oriental y aquella de la Palabra de Dios. Tanto con las religiones orientales como con el movimiento de la Nueva Era, la *meditación* es el arte de vaciar la mente de todo otro pensamiento y perspectivas. (No estoy muy seguro de cuánto arte se necesita para hacer eso. Puedo acordarme de muchísimas veces en mi vida en que me he sentido con la cabeza vacía.) Como sea, una vez que la persona ha vaciado su mente de todo pensamiento, esa persona se abre a recibir guía espiritual de sus videntes (demonios).

Descubrí que la meditación bíblica es exactamente lo opuesto a aquello que mi instructor había practicado. En realidad, la palabra *meditación* significa «hablar entre dientes, refunfuñar». También significa «cavilar, considerar, pensar». Comencé a ver que la forma en que debía meditar en la Palabra de Dios era leyéndola en voz alta. Cuando lo hago, le obligo a mi mente a pensar acerca de lo que estoy diciendo. La meditación bíblica no es el acto de *vaciar mi mente,* sino más bien de *llenarla* con la Palabra de Dios.

La meditación de la Palabra de Dios renueva nuestras mentes

En Romanos 12.2 leemos: «No os conforméis a este siglo, sino transformaos por medio de la renovación de vuestro entendimiento, para que comprobéis cuál sea la buena voluntad de Dios, agradable y perfecta.» Este versículo indica que el resultado de renovar nuestras mentes es que experimentamos la transformación de nuestras vidas. Únicamente por medio de la meditación de la Palabra de Dios podemos experimentar la renovación de nuestras mentes.

Aun así, muchos cristianos tienen ideas equivocadas acerca de la meditación, las que entorpecen la eficacia de las Escrituras en sus vidas. Por ejemplo, el acto de sólo leer la Biblia, a pesar de su importancia, no da como resultado necesariamente la renovación de nuestras mentes. Otra idea equivocada muy común es que el «confesar» la Palabra de Dios equivale automáticamente a meditar en ella. La confesión de la Palabra de Dios nos ayuda en la meditación. Pero conozco personas que citan las Escrituras todo el tiempo, y sin embargo sus vidas reflejan muy poco la naturaleza y el poder de Dios.

Cuando miramos de cerca lo que dicen las Escrituras acerca de la meditación de la Palabra de Dios, comenzamos a descubrir cómo es que se logra.

> *«Sino que en la ley de Jehová está su delicia, y en su ley medita de día y de noche. Será como árbol plantado junto a corrientes de agua, que da su fruto en su tiempo, y su hoja no cae; y todo lo que hace, prosperará.»*
>
> —Salmo 1.2,3

Observe lo que dicen estos versículos acerca del hombre o de la mujer que medita en la Palabra de Dios. El salmista dice que la vida de esa persona será como un árbol cuyas raíces calan muy profundo; se conectan con un río tan lleno de vida, que el árbol de su existencia producirá siempre fruto, y nunca se secará. Todo lo que se proponga por delante prosperará. ¿Cómo se logra esto? Meditando en la Palabra de Dios, *día y noche.*

El libro de Josué también habla de meditar día y noche:

> *«Nunca se apartará de tu boca este libro de la ley, sino que de día y de noche meditarás en él, para que guardes y hagas conforme a todo lo que en él está escrito; porque entonces harás prosperar tu camino, y todo te saldrá bien.»*
>
> —JOSUÉ 1.8

Al principio esto parece imposible. Es como lo que dice en 1 Tesalonicenses 5.17: «Orad sin cesar.» Estos son versículos intimidantes, en especial si usted es una mamá con niños pequeños, o una mamá y esposa que trabaja fuera de casa. Usted se puede sentir tentada a alzar desesperada los brazos para decir: «Si para renovar mi mente tengo que meditar en la Palabra día y noche, y orar sin cesar, ¡me rindo antes de comenzar…!»

Antes de desesperar del todo, permítame hacerle la siguiente pregunta: ¿Ha estado usted alguna vez preocupado/a todo el tiempo por algo? ¿Ha estado alguna vez ansioso día y noche? Estoy seguro de que todos podemos decir con honestidad que sabemos lo que es estar preocupados sin cesar. Bueno, aquí están las buenas noticias. La misma parte de su alma que se preocupa es la que ora y medita. En otras palabras, dado que usted tiene la capacidad de preocuparse sin cesar, también tiene la capacidad de orar y meditar día y noche.

La meditación no es memorización. No es pensar en cada palabra específica de la Biblia. La *meditación* es, sobre todo, el reconocer la imagen que nos describen las Escrituras. Puede ser un pasaje que nos brinda una imagen de paz. O una imagen de sanidad para un cuerpo que está enfermo. Puede ser una imagen de provisión. La meditación es llevar esa imagen de vida con nosotros en nuestro interior. Me entusiasma pensar que nuestras almas fueron creadas por Dios con la capacidad de llevar una imagen de victoria con nosotros día y noche. Ciertamente sabemos lo que es estar abrumados por el temor día y noche. De la misma manera, nuestro corazón y nuestra mente pueden estar saturados con la vida de la Palabra de Dios *sin cesar.* Aun cuando estamos durmiendo, el alma puede empaparse de la Palabra de Dios que da vida.

El principio de ver y hacer

Cuando meditamos en la Palabra de Dios, atacamos y derribamos las fortalezas de nuestros pensamientos. Esto es importante dado que nuestros pensamientos son los que determinan nuestras acciones. Su cuerpo o su vida van en la misma dirección que sus pensamientos.

Dios le dijo a Josué que debía meditar en su Palabra día y noche «para que guardes y hagas conforme a todo lo que en ella está escrito.» El principio es que nosotros hacemos lo que vemos en nuestra mente. La mente tiene dos funciones básicas: la memoria y la imaginación. Fuimos creados por Dios para llevar a cabo lo que primero hemos percibido en nuestras mentes. Cada acción está precedida por una imagen de pensamiento. Por ejemplo, el adulterio no es algo que lo toma a un hombre o una mujer por sorpresa. Los pensamientos y fantasías de adulterio han estado en nuestra mente mucho antes de que el hecho se produzca. Yo comencé a pensar acerca del adulterio por medio de la pornografía. Luego comencé a verme a mí mismo haciendo las mismas cosas que observaba en los videos. Fue sólo después de un largo tiempo de imaginarme a mí mismo cometiendo esos actos horribles que los llevé a la realidad.

Cuando meditamos en la Palabra de Dios, permitimos que la Palabra nos pinte una imagen de fuerza, pureza y victoria. El proceso de intercambiar estas imágenes es el proceso de «renovación» de nuestras mentes. En realidad, nosotros no vemos con nuestros ojos sino con nuestras mentes. Nuestras vidas se elevarán o caerán según la imágenes que llevamos con nosotros en nuestro interior.

Cuando Josué meditaba en las promesas de Dios, comenzó a imaginarse a sí mismo realizando y experimentando aquellas promesas, y por consiguiente las convirtió en una realidad por medio de sus acciones.

CÓMO DESTRUIR FORTALEZAS Y DERRIBAR ARGUMENTOS

Cuando entendemos la definición de *fortaleza*, entonces este principio de ver y luego actuar cobra aun más sentido. La mayoría de las personas piensan que una fortaleza es una fuerza demoníaca externa que los ataca. Pero las fortalezas vienen por lo general de adentro nuestro; no de afuera.

En 2 Corintios leemos:

> *«Porque las armas de nuestra milicia no son carnales, sino poderosas en Dios para la destrucción de fortalezas, derribando argumentos y toda altivez que se levanta contra el conocimiento de Dios, y llevando cautivo todo pensamiento a la obediencia de Cristo.»*
>
> —2 CORINTIOS 10.4,5

La verdadera definición de una fortaleza es «argumentos y razonamientos, diabólicamente inspirados, que alguien utiliza para fortificar sus opiniones en contra de su oponente». Las fortalezas existen entre nuestras orejas. Son el resultado del proceso de razonamiento que Satanás nos ha convencido que aceptemos. Las fortalezas son opiniones y percepciones acerca de algo que sentimos con mucha fuerza. Aun cuando esos pensamientos nos parecen correctos, pueden ser incorrectos, malsanos y destructivos.

Para entender aun más el efecto que las fortalezas tienen en nuestras vidas, debemos darle una mirada a las palabra *altivez*. Esta palabra en griego es *hupsoma*. Algunas de las palabras involucradas en su definición son «barrera, muralla o techo». En otras palabras, Satanás intenta llevarnos a aceptar un proceso de razonamiento, actitudes y opiniones que le ponen un techo a nuestra vida espiritual.

Por lo tanto, una *fortaleza* puede ser cualquier «sistema de pensamiento destructivo». En mi caso, había sido controlado por una fortaleza de fantasías y deseos sexuales, así como también por fortalezas de inseguridad y miedo.

> «Una fortaleza es un sistema de pensamiento fortalecido por las emociones.»

En otros casos, una fortaleza puede ser una intensa lucha con drogas, alcohol, violencia, depresión, ansia de poder o cualquier otro pensamiento que trae adicción, lo cual preocupa a nuestras mentes al punto de convertirse en una obsesión.

Aun cuando estas percepciones pueden ser destructivas, nos continuamos aferrando a ellas. El poder exponer esos pensamientos como incorrectos requiere una obra sobrenatural del Espíritu Santo a través de la Palabra de Dios, ya que se han convertido en parte de nuestra vida y de nuestro comportamiento. En realidad, únicamente la Palabra de Dios, junto con la obra del Espíritu Santo, tienen el poder de revelar esas mentiras tan bien disfrazadas.

EL PODER DE LA PALABRA DE DIOS

La segunda epístola de Pablo a los Corintios 10.4 dice: «Las armas de nuestra milicia no son carnales, sino poderosas en Dios para la destrucción de fortalezas.» ¿Cuáles son las armas que nos ha dado Dios? Son varias, incluyendo la Palabra de Dios, la sangre de Jesús, el nombre de Jesús y la intercesión de los fieles. Cuando mezclamos la fe con estos elementos, comenzamos a experimentar el poder de su gracia.

El arma en la que me gustaría concentrarme es la *Palabra de Dios.* Usted entenderá el por qué cuando veamos cómo derribamos los argumentos. La Palabra de Dios es lo único que puede usar el Espíritu Santo para destruir los razonamientos destructivos. Es más que palabras escritas sobre un papel en blanco. Es algo sobrenatural.

> *«El espíritu es el que da vida; la carne para nada aprovecha; las palabras que yo os he hablado son espíritu y son vida.»*
>
> —JUAN 6.63

> *«Toda la Escritura es inspirada por Dios, y útil para enseñar, para redargüir, para corregir, para instruir en justicia.»*
>
> —2 TIMOTEO 3.16

La Escritura es la norma o regla por la cual podemos juzgar si lo que creemos es correcto, sin que importe cómo nos sentimos acerca de ello. Su Palabra nunca cambia; es siempre la misma. Nuestras opiniones pueden cambiar y nosotros podemos tratar con diferentes percepciones de la vida, pero la Palabra de Dios vive para siempre.

Cuando tomamos la Biblia, debemos recordar que es *el libro que contiene a Dios en su interior.* No son solo palabras escritas en una hoja de papel en blanco. En realidad, es más que un libro que nos habla acerca de Dios; es una obra sobrenatural. No se puede separar a Dios de su Palabra. Los mismos atributos de Dios se aplican a su Palabra.

Dado que sabemos que Dios es fiel, también sabemos que su Palabra lo es. Si Dios es verdad absoluta y le es imposible mentir, entonces sabemos que las Escrituras son ciertas y podemos confiar en ellas. Deje de percibir a la Biblia como si no fuera más que un libro acerca de Dios. Comience a mirarlas como la expresión del corazón del Padre. Las Escrituras son un testamento vivo de la voluntad de Dios para su vida.

La mayoría de los cristianos las ven simplemente como un manual para la vida. Aun cuando esto es parcialmente cierto, si esa es la única revelación que tiene usted de la Biblia, entonces el tiempo que pase con ella será árido y sin vida. En Juan 1.1 captamos un poco de lo que es la verdadera naturaleza de las Escrituras:

> *«En el principio era el Verbo, y el Verbo era con Dios, y el Verbo era Dios.»*

El versículo 14 de Juan 1 nos dice:

> *«Y aquel Verbo fue hecho carne, y habitó entre nosotros...»*

Permítame compartirle otros pasajes bíblicos que demuestran de manera espectacular la naturaleza de la Palabra.

> *«Entonces vi el cielo abierto; y he aquí un caballo blanco, y el que lo montaba se llamaba Fiel y Verdadero, y con justicia juzga y pelea. Sus ojos eran como llama de fuego, y había en su cabeza muchas diademas; y tenía un nombre escrito que ninguno conocía sino él mismo. Estaba vestido con una ropa teñida en sangre; y su nombre es: EL VERBO DE DIOS.»*
>
> —Apocalipsis 19.11-13

¿Se da cuenta? La Palabra es como su Autor: ¡Eterna... poderosa... victoriosa... viva! La Palabra es el aliento de Dios. Es Dios que nos habla hoy. Habla acerca de ganar, de victoria, de gozo y entrega. ¡Su Palabra habla de prosperidad, sanidad y victoria sobre el pecado! ¡La Palabra de Dios tiene la capacidad sobrenatural de cambiar su vida de adentro hacia afuera! Pídale al Espíritu Santo que le sople ahora mismo la verdad de su Palabra dentro de su corazón. Reciba su poder y su vida.

La Palabra de Dios tiene el poder de ayudarnos a discernir la fuente de nuestra fe y nos permite discernir si lo que estamos pensando proviene de Dios.

> *«Porque la palabra de Dios es viva y eficaz, y más cortante que toda espada de dos filos; y penetra hasta partir el alma y el espíritu, las coyunturas y los tuétanos, y discierne los pensamientos y las intenciones del corazón.»*
>
> —Hebreos 4.12

Cuando exponemos constantemente nuestros pensamientos y emociones a la Palabra de Dios, es la luz de su Palabra la que expone los verdaderos motivos detrás de nuestras emociones y posteriores decisiones. Cuando exponemos de continuo nuestras mentes a la Palabra de Dios, veremos nuestros pensamientos e imaginaciones tal cual son.

La Biblia es la fuente principal por la cual podemos examinar nuestras emociones, para ver si nuestros sentimientos están alineados con la verdad. Hebreos 5.14 nos dice: «Pero el alimento sólido es para los que han alcanzado madurez, para los que por el uso tienen los sentidos ejercitados en el discernimiento del bien y del mal.» Cuando continuamos poniendo en práctica la Palabra de Dios, comenzamos a «hacer restallar el látigo» de su Palabra sobre nuestras emociones, entrenándolas para que disciernan entre el bien y el mal, permitiendo así que nuestra voluntad responda a la verdad.

Mi experiencia personal

Este proceso dura toda la vida. Dado que vivimos en este planeta y en esta tierra, estaremos sujetos a tentación. El renovar nuestras mentes debe convertirse en un estilo de vida. Para mí fue la única forma en que pude conquistar los dominantes impulsos de mis pensamientos y fantasías. Podemos utilizar diversos métodos para meditar la Palabra de Dios. Quiero compartir en detalle el método exacto que me ayudó a mí. Por supuesto que usted puede encontrar algún otro que le sea más efectivo. No depende tanto de *cómo* lo hacemos; ¡lo más importante es que *lo hagamos!*

Al poco tiempo de mudarnos a Chicago, me senté en la cocina y anoté varios versículos bíblicos en fichas. Aun cuando al principio anoté como veinte o más versículos, terminé concentrándome en sólo unos siete o diez de ellos. Ellos tenían que ver con el poder de la Palabra de Dios, su justicia para mí y el poder de su amor por mí.

Me levantaba cada mañana, tomaba una ducha, me vestía y me dirigía a la sala de estar. Allí comenzaba a orar, dándole gracias a Dios por su gracia y su misericordia. Le pedía al Espíritu Santo que me ayudara mientras oraba y meditaba en la Palabra de Dios. Luego adoraba a Jesús y a su majestad. Entonces comenzaba a leer en voz alta un versículo a la vez. Me tomaba mi tiempo con cada versículo y los decía de varias maneras diferentes, personalizando cada verdad.

Por ejemplo, un versículo en el que meditaba era Colosenses 1.13:

> *«El cual nos ha librado de la potestad de las tinieblas, y trasladado al reino de su amado Hijo.»*

Entonces podía decir: «Padre, te doy gracias porque me has librado de las tinieblas y me has metido, por medio de tu poder, en el reino de tu amor. ¡Ahora estoy controlado por tu amor y no por el reino de Satanás! ¡Él no tiene ningún poder sobre mí!»

Luego oraba, mientras observaba ese versículo. Continuaba orando hasta que sentía en mi espíritu su paz que daba testimonio de la verdad. Muchas veces, sin embargo, dado que mi mente era tan indisciplinada, ella no coincidía conmigo. No bien decía el versículo, comenzaba a pensar de que en realidad no había sido librado del poder de Satanás. Pero igualmente seguí con este proceso, meditando de esta manera de cinco a siete versículos por día.

Un día, después de unos quince meses, ocurrió algo asombroso. Me levanté y realicé mi rutina de siempre; pero esta vez no sólo sentí paz en mi espíritu, sino que también escuché estas contundentes palabras en mi mente: «¡Sí, tú estás libre del poder de Satanás y eres controlado por el poder del Reino de Dios!» Había llegado al punto en que la Palabra de Dios no era ya simplemente una verdad para mí; se estaba convirtiendo en *la* verdad. Las verdades en las que había estado meditando todo ese tiempo se estaban convirtiendo en una realidad mayor a mi pasado, o cualquier otra cosa que pudiera estar ocurriendo en mi vida. La realidad de los problemas que estaba encarando financieramente, en mi matrimonio y asimismo en otras áreas aún estaban allí. Reconocía esos temas. Pero comencé a ver que todas esas cosas estaban sujetas a la autoridad de la Palabra de Dios y a lo que Él decía acerca de mí. Por primera vez en mi vida cristiana, mi mente estaba hincando su rodilla frente a la autoridad de la Palabra de Dios.

Los pensamientos atormentadores de mi pasado, con los cuales había luchado durante tantos años, comenzaron a perder su poder sobre mí. Con la revelación del amor y de la gracia de Dios, su Palabra se estaba convirtiendo finalmente en algo muy real para mí. Al aceptar el amor de Dios por mí, la dificultad que tenía en amar realmente a mi esposa desapareció. Pude experimentar mayor paz y un mayor compromiso con mi familia y con Dios. ¡Su

Palabra realmente funciona! Es real y está llena de poder sobrenatural.

¿Acaso se encuentra usted luchando contra pecados familiares o recuerdos atormentadores del pasado? ¿Lucha en contra de pensamientos de lujuria, depresión, enojo o derrota? ¿Han habido momentos en su relación con Dios cuando le parecía que estaba chocando contra una barrera? ¿Ha alcanzado un punto muerto en su matrimonio, carrera o relaciones personales? La respuesta se halla en la Palabra de Dios. ¿Ha permitido que la Palabra de Dios examine las actitudes y opiniones de su vida?

Tómese algunos minutos para hacer un inventario de sus pensamientos. Usted puede estar lidiando con una forma de pensar que es contraria a la Palabra de Dios. ¿Está dispuesto a realizar los cambios que sean necesarios? Si es así, entonces la Palabra de Dios puede realizar dentro suyo lo que usted nunca pudo realizar por medio de su propia fuerza de voluntad. Incorpore la disciplina de la meditación de su Palabra. Descubra el milagro del poder en la Palabra de Dios.

11

LA ORACIÓN: DESCUBRIR LA LIBERTAD EN EL SITIO DE INTIMIDAD

El jueves 11 de abril de 1996, por la mañana, Jessica Dubroff, su padre y su instructor de vuelo se preparaban para despegar del aeropuerto de Cheyenne, Wyoming. A la tierna edad de siete años, Jessica estaba por convertirse en el piloto más joven en completar exitosamente un vuelo continental.

Me encontraba en mi cuarto de hotel, mirando el vídeo en cámara lenta de Jessica, con un teléfono portátil a su oído, corriendo hacia el Cessna monomotor bajo la lluvia torrencial y el aguanieve. Querían despegar lo antes posible para evitar el frente de tormenta que comenzaba a cubrir el noroeste.

Escuché las entrevistas en las que Jessica relataba acerca de su amor por la aviación y su deseo de batir el récord. Escuché a su padre compartir acerca de la importancia de permitir que nuestros hijos tomen sus propias decisiones, aun cuando tienen sólo siete años.

A los pocos minutos de despegar, el avión, que se encontraba a 120 metros de altura, entró en pérdida de potencia y segundos más tarde se estrelló contra la entrada para coches de una casa de un vecindario. Los cuerpos de la pequeña Jessica de siete años, el de su padre y el de su instructor de vuelo yacían sin vida en una pila de metal retorcido y vidrios rotos. Murieron instantáneamente.

Podemos aprender muchas lecciones de esta tragedia. La que sobresale en mi mente es: *¡El conocimiento sin experiencia es mortal!* ¿Por qué? Porque construye una falsa sensación de seguridad. Una cosa es conocer mentalmente los aspectos prácticos de volar. Otra es haber experimentado la dinámica de ser piloto. Jessica había comenzado a adquirir lo primero, pero nunca tendrá la oportunidad de experimentar lo segundo.

El mismo principio se aplica espiritualmente. Saber *acerca* de Dios no es lo mismo que *conocerlo*. Si reducimos a Dios a una doctrina o capítulo o versículo, podemos perder completamente el poder de su presencia. Por ejemplo, los griegos entendían que el conocimiento era una simple acumulación de datos; un ascenso mental. De esa línea de pensamiento surgió una religión denominada *gnosticismo,* la cual era, básicamente, la adoración del conocimiento. Los griegos consideraban que cuanto más sabía uno *acerca* de algo, tanto más avanzaba espiritualmente. No importaba si su vida era o no afectada por lo que uno sabía; lo importante era tener conocimiento.

Por el contrario, la definición hebrea del conocimiento va más allá de una mera comprensión mental. En la mente hebrea, *saber algo* significaba que uno lo había *experimentado personalmente*. Pablo escribió en Filipenses 3.10: «...a fin de conocerle, y el poder de su resurrección, y la participación de sus padecimientos, llegando a ser semejante a él en su muerte.» La meta de Pablo no era simplemente adquirir mayor cantidad de datos acerca de Jesús, su vida y su ministerio. Él se refería a la revelación de la persona de Jesús que resultaba de haber experimentado su presencia de manera personal. A partir de esa experiencia,

Pablo estaba confiado que sería semejante a Él en su muerte; y por lo tanto viviría en el poder de la resurrección de Cristo. Pablo está describiendo el conocimiento personal que daría como resultado la transformación de su vida.

Si no tenemos cuidado, podemos terminar confiando más en lo que sabemos *acerca* de Cristo que en nuestra experiencia personal de su presencia. El conocimiento intelectual nunca es suficiente para vivir y terminar nuestra carrera con fortaleza. El conocimiento intelectual no puede hacer nada para cambiarnos. Debemos estar dispuestos a comprometernos a practicar su presencia.

Jesús enfrentó a los líderes religiosos y les planteó este mismo tema:

> *«Escudriñad las Escrituras; porque a vosotros os parece que en ellas tenéis la vida eterna; y ellas son las que dan testimonio de mí; y no queréis venir a mí para que tengáis vida.»*
>
> —JUAN 5.39,40

Jesús decía que los fariseos confiaban meramente en su capacidad para interpretar las Escrituras. Su confianza yacía en el poder de su intelecto para comprender los temas de la vida que se encuentran en la Palabra. Cuando venimos a Jesús buscando vida eterna debemos tener una actitud de humildad, la cual admite que no poseemos en nosotros mismos la capacidad de recibir vida.

La Biblia no es un fin en sí mismo. ¡Su propósito es señalar a la persona de Jesús! Por lo tanto, para recibir vida de las Escrituras, debemos acercarnos a ellas de la misma manera en que vino originalmente a nosotros. Cuando el Espíritu Santo sopló en el corazón de los hombres, las Escrituras fueron escritas. Por lo tanto nosotros debemos permitir que el Espíritu sople una vez más en las páginas de nuestra Biblia.

Debo ser honesto con usted. Si no fuera por la iluminación del Espíritu, yo haría un montón de otras cosas en lugar de leer mi Biblia. Es el Espíritu el que le da vida a la

Palabra, marcando a fuego su verdad en nuestras almas.

En el sitio de oración comenzamos a conocerlo *a Él;* no sólo conocer más *acerca* de Él. Es a través de la comunión del Espíritu Santo que la Palabra de Dios cobra vida en nosotros. Es necesario que permitamos que el Espíritu sople vida a la Palabra que escuchamos y que leemos. Si no, nuestros corazones se endurecerán frente a las verdades mismas que tienen la capacidad de cambiarnos. Por consiguiente, nuestra vida con Él se convierte en algo árido, mecánico y estoico, carente de gozo y de poder.

LA ORACIÓN NOS PERMITE CONECTARNOS AL PODER DE SU SABIDURÍA

Jesús habla acerca de la importancia de la instrucción del Espíritu Santo por medio de la oración, y habla de la capacidad de la oración para cuidar nuestros corazones del engaño. En Lucas 11.1 leemos:

> *«Aconteció que estaba Jesús orando en un lugar, y cuando terminó, uno de sus discípulos le dijo: Señor, enséñanos a orar, como también Juan enseñó a sus discípulos.»*

Estoy seguro de que a esta altura de sus vidas, los discípulos habían hecho muchas oraciones. Esta es otra oportunidad en la que los discípulos han observado en silencio la divina interacción de Jesús con su Padre. Algo en la forma en que Jesús oraba les hizo sentir que en realidad no sabían cómo orar. De manera que, una vez que Jesús hubo terminado, le tironearon de la ropa y le dijeron: «Por favor, enséñanos a hacer eso.» En los versículos que siguen descubrimos el secreto de Jesús para orar en una forma efectiva.

Jesús les da primero un esquema de oración, uno al cual nos referimos tradicionalmente como *El Padrenuestro* (Lucas 11.2-4). Luego les enseña cómo tener poder en la oración (versículos 5-13). En esta parábola Jesús enseña el principio de romper nuestra amistad con el mundo para obtener pan del cielo, a fin de dar de comer a una humanidad moribunda. En otras palabras, Jesús enseña acerca del poder de la oración de intercesión.

Después de enseñarle a sus discípulos acerca del poder de la oración, ocurre un incidente en el cual Jesús le echa fuera un demonio a un hombre, le suelta la lengua y le permite que vuelva a hablar. Este incidente termina en un enfrentamiento entre Jesús y los líderes religiosos, quienes intentan minimizar la influencia de Jesús en los corazones de las personas en la sinagoga, acusándolo de echar fuera demonios en el poder de Satanás.

Cuando Jesús toma conciencia de esta acusación, le hace una pregunta a los fariseos. La respuesta determinará si Jesús es realmente del diablo.

> *«Pues si yo echo fuera los demonios por Beelzebú, ¿vuestros hijos por quién los echan? Por tanto, ellos serán vuestros jueces.»*

Jesús está diciendo: «Si yo ejercito poder sobre los demonios por el poder de Satanás mismo, ¿cómo ejercen vuestros discípulos poder sobre los demonios?»

Los fariseos no respondieron. No podían; no podían porque ni ellos ni sus discípulos habían echado fuera demonios jamás. ¿Por qué? Porque no tenían poder sobre el reino de Satanás.

Luego Jesús continúa diciendo:

> *«Mas si por el dedo de Dios echo yo fuera los demonios, ciertamente el Reino de Dios ha llegado a vosotros.»*
>
> —Versículo 20

En otras palabras, Jesús estaba diciendo: «Si echo fuera demonios, tengan por seguro que es por el poder de Dios. Por lo tanto, si echo fuera demonios y ustedes no, entonces debo ser yo quien proviene de Dios, mientras que ustedes deben los que provienen del diablo.»

En los versículos 21 y 22, Jesús dice:

> *«Cuando el hombre fuerte armado guarda su palacio, en paz está lo que posee. Pero cuando viene otro más fuerte que él y le vence, le quita todas sus armas en que confiaba, y reparte el botín.»*

Permítame parafrasear lo que Jesús estaba diciendo: «Si ustedes se turban tanto porque eché un demonio de bajo nivel, debieran saber que no han visto nada todavía. Satanás ha estado sin rival en esta tierra; ha sido el hombre fuerte. Nadie ha podido ser su digno oponente; por lo menos hasta ahora. Uno que es más poderoso que el hombre fuerte está aquí. El echar afuera este demonio no es nada en comparación con lo que voy a hacer. Habrá un día en el que voy a caminar directamente en el dormitorio principal del hombre fuerte y lo venceré y le quitaré su armadura. Tendré una victoria tan absoluta que Satanás nunca podrá reponerse de ella. El botín irá al vencedor, y yo tomaré ese botín y se lo daré a quien quiero, ¡y no hay nada en el infierno que pueda detenerme!»

Jesús continúa su enseñanza diciendo que cuando el Reino de Dios invade la vida de un hombre, ese hombre puede vivir libre del dominio de Satanás.

> *«Cuando el espíritu inmundo sale del hombre, anda por lugares secos, buscando reposo; y no hallándolo, dice: Volveré a mi casa de donde salí. Y cuando llega, la halla barrida y adornada. Entonces va, y toma otros siete espíritus peores que él; y entrados, moran allí; y el postrer estado de aquel hombre viene a ser peor que el primero.»*
>
> —LUCAS 11.24-26

El libro de Mateo dice que cuando el espíritu inmundo vuelve, encuentra al hombre «adornado» (Mateo

12.44). La palabra *adornado* significa «estar amueblado muy elaboradamente». En otras palabras, este hombre está equipado con todas las armas necesarias para ejercer autoridad sobre el reino de Satanás con respecto a su vida. Él posee el nombre de Jesús y la Palabra de Dios. La naturaleza de la vida habita en él. A causa de esto, no hay forma en que este espíritu inmundo pueda tomar la vida de este hombre a la fuerza otra vez. Si el espíritu inmundo intenta llevar a cabo su obra de destrucción, requerirá engaño. Si no puede irrumpir por la puerta de adelante para saquear la casa de este hombre, tendrá que hacerlo por medio del engaño. Por consiguiente, Jesús dice que este espíritu inmundo les pide a otros siete espíritus más poderosos que él que lleven a cabo el engaño. La Biblia continúa diciendo que este hombre sucumbe a los engaños de esos espíritus, y Jesús dice: «El postrer estado de aquel hombre viene a ser peor que el primero» (versículo 45).

Esta parábola sirve como una advertencia de los peligros de vivir de acuerdo a nuestras propias percepciones. El apóstol Pablo nos advierte:

> *«Pero el Espíritu dice claramente que en los postreros tiempos algunos apostatarán de la fe, escuchando a espíritus engañadores y a doctrinas de demonios.»*
>
> —1 Timoteo 4.1

Necesitamos desesperadamente la sabiduría de Dios. O vivimos ya sea por nuestra propia sabiduría o por la sabiduría que viene de lo alto.

> *«Mas hablamos sabiduría de Dios en misterio, la sabiduría oculta, la cual Dios predestinó antes de los siglos para nuestra gloria, la que ninguno de los príncipes de este siglo conoció; porque si la hubieran conocido, nunca habrían crucificado al Señor de gloria.»*
>
> —1 Corintios 2.7,8

Fue la sabiduría de Dios la que colocó a Jesús sobre la cruz, y así redimió a la humanidad para Dios y estableció victoria sobre los principados y potestades. Es la sabiduría de Dios solamente la que sirve como salvaguarda en contra de los engaños de Satanás. ¿Quién aplica la sabiduría de Dios a nuestros corazones? Su nombre es Espíritu Santo, nuestro maestro y consejero. Jesús lo llamaba *el Espíritu de verdad.*

LA ORACIÓN LIBERA A NUESTRO MAESTRO

La oración es la disciplina que libera al Espíritu Santo para que nos enseñe. Es a través de este proceso de enseñanza que llegamos a conocerlo. Cuando oramos sobre las Escrituras, el Espíritu Santo nos instruye. Eso nos permite experimentar personalmente la realidad de la Palabra misma. Si no recibimos este proceso con beneplácito, entonces nuestra relación con Jesús no será más que una relación intelectual.

«ES PERFECTAMENTE POSIBLE CITAR LAS ESCRITURAS Y SIN EMBARGO NO SER AFECTADOS POR ELLAS. LA ORACIÓN SATURA EL ALMA CON LA VERDAD.»

Observe lo que Jesús dice acerca del Espíritu Santo en Juan 14.26: «Mas el Consolador, el Espíritu Santo, a quien el Padre enviará en mi nombre, él os enseñará todas las cosas, y os recordará todo lo que yo os he dicho.» En Juan

16.13 leemos: «Pero cuando venga el Espíritu de verdad, él os guiará a toda la verdad.»

1 Juan 2.27 nos dice: «Pero la unción que vosotros recibisteis de él permanece en vosotros, y no tenéis necesidad de que nadie os enseñe; así como la unción misma os enseña todas las cosas, y es verdadera, y no es mentira, según ella os ha enseñado, permaneced en él.»

Juan no está diciendo que ya no necesitamos pastores o líderes espirituales que nos enseñen. Lo que está diciendo es que si no esperamos que el Espíritu nos revele personalmente las verdades que nos predican, entonces las cosas que escuchamos nunca cambiarán nuestra vida. Lo mismo se aplica al tiempo que pasamos leyendo y meditando en las Escrituras.

Dentro del proceso de enseñanza del Espíritu Santo descubrimos la diferencia entre lo que denomino *comprensión* y *revelación*. Cuando leemos las Escrituras, el Espíritu Santo nos ilumina a menudo un versículo o un pasaje en particular. Estoy seguro de que usted ha experimentado esto. Un cierto versículo parece que lo toca de una manera especial. Muchas veces veremos dentro de ese versículo una verdad que nunca antes habíamos percibido. Como resultado, no vemos el momento de poder compartir con nuestros amigos cristianos esta nueva «revelación».

En realidad, lo que tenemos es simplemente una comprensión inspirada por Dios. La comprensión es buena, pero es sólo el principio. La *revelación* resulta cuando nuestras vidas se ajustan a esa comprensión inspirada por Dios. En otras palabras, cuando esa comprensión me impacta a tal punto que se convierte en parte mía, sólo entonces puedo decir que he experimentado una nueva revelación. *Es sólo a través de la oración que estas verdades tienen la oportunidad de convertirse en revelaciones por medio de la instrucción del Espíritu Santo. A través de la oración, la Palabra de Dios cobra vida y nos da el entendimiento que necesitamos para nuestro andar.*

Permítame darle otro ejemplo. En Marcos 4 Jesús comparte con nosotros la parábola del sembrador. El centro de atención de esta parábola no está en la semilla que está siendo sembrada, la cual es la Palabra de Dios; está en la condición del suelo, el cual es nuestro corazón. Era la condición del suelo la que determinaba la cantidad de fruto producido. A través de esta parábola, Jesús nos enseña que la condición de nuestros corazones determinará el fruto de su Palabra que se producirá en nuestras vidas. Jesús pasa a decir que el corazón que es sano producirá treinta, sesenta, y aun cien veces el fruto del Espíritu de Dios en nuestras vidas.

Luego, en el versículo siguiente, Jesús comparte cómo podemos evitar las dificultades que le acontecen a aquellos que han sofocado el fruto de la Palabra en sus vidas.

> *«¿Acaso se trae la luz para ponerla debajo del almud, o debajo de la cama? ¿No es para ponerla en el candelero? Porque no hay nada oculto que no haya de ser manifestado; ni escondido, que no haya de salir a luz.»*
>
> —MARCOS 4.21,22

El propósito de la lámpara es iluminar. La lámpara proporciona la luz necesaria para determinar nuestra dirección. Ella ilumina la habitación, permitiendo que caminemos desde la puerta de entrada a la de atrás sin caernos o tropezarnos con una mesa baja. Por consiguiente, no tiene ningún sentido tomar la lámpara y esconderla bajo la cama. La luz de la lámpara funciona únicamente si la ponemos en su lugar correspondiente: en el candelero. Entonces ilumina todo el cuarto y podemos ver con claridad.

La lámpara es el Espíritu Santo. El candelero es la Palabra de Dios. Por medio de la obra del Espíritu, la Palabra cobra vida en nuestros corazones y en nuestras mentes. A través de este proceso, las cosas que yacen ocultas en nuestros corazones son reveladas. ¿Qué cosas ocultas son estas? Las actitudes y modos de pensar arraigados profundamente en nuestras almas, los cuales tienen la capacidad de sofocar el fruto de la Palabra de Dios en nuestras vidas. Pero si le permitimos al Espíritu que sople la vida de la Palabra de Dios en nuestros corazones, entonces esas actitudes del alma que están escondidas son reveladas y pueden ser extraídas de nuestros corazones.

La obra del Espíritu, convocada cuando oramos la Palabra de Dios, expone aquellas cosas que nos llevan a sabotear nuestro propio éxito. El Espíritu nos permite descubrir por qué continuamos siendo atraídos hacia una relación de abuso tras otra... por qué continuamos perdiendo ese ascenso en la compañía... por qué nunca podemos tener victoria sobre nuestras finanzas. En el incidente entre Jesús y los mercaderes del templo podemos ver cómo funciona este principio.

> *«Vinieron, pues, a Jerusalén; y entrando Jesús en el templo, comenzó a echar fuera a los que vendían y compraban en el templo; y volcó las mesas de los cambistas, y las sillas de los que vendían palomas; y no consentía que nadie atravesase el templo llevando utensilio alguno. Y les enseñaba diciendo: ¿No está escrito: Mi casa será llamada casa de oración para todas las naciones? Mas vosotros la habéis hecho cueva de ladrones.»*
>
> —MARCOS 11.15-17

Jesús dijo que el templo debía ser una casa de oración... una casa de intercambio divino... intercambio entre Dios y su pueblo. Sin embargo, los cambistas y los líderes religiosos habían prostituido el hambre de la gente. Como resultado, el templo se había convertido en una cueva de ladrones. Un lugar que le robaba a las personas su derecho a tener un intercambio divino con Dios. Tenemos «cambistas» en el templo de nuestro corazón. Ladrones que nos roban nuestra intimidad con el Padre. Son la falta de perdón, la amargura, el orgullo y la ambición.

Cuando oramos, libramos al Espíritu Santo para que prepare su látigo y vuelque las mesas de esos enemigos. Una vez que esas áreas de nuestras almas se transforman, estamos en posición para producir treinta, sesenta y cien veces de su naturaleza en nuestras vidas.

LA ORACIÓN ES UNA ACTITUD DE DEPENDENCIA

Una mañana leí Marcos 1.35, que dice: «Levantándose muy de mañana, siendo aún muy oscuro, salió y se fue a un lugar desierto, y allí oraba.» Después que terminé de leer este versículo, el Espíritu me dijo: «Mike, este era el secreto del poder de Jesús en su vida y en su ministerio.» Ahora bien, no deseo insinuar que si deseamos experimentar poder en la vida debemos orar en las horas tempranas de la mañana. Más bien, lo que me llamó la atención fue la *costumbre* de orar que definía la vida de Jesús. Junto con este hecho estaba la dependencia del Padre que se evidenciaba en la vida de oración de Jesús.

Cuando Jesús oraba, era más que un simple ejemplo de cómo debiéramos nosotros también orar. Mientras que Jesús habitaba en esta tierra, estaba sometido a tentaciones al igual que nosotros. Tenía plena conciencia de las debilidades de la carne. Por lo tanto, conocía la importancia de asumir una actitud de completa dependencia de la sabiduría y capacidad de su Padre. A diario, Jesús restablecía esta actitud de dependencia dentro de su lugar de oración. Cuando Jesús oraba, recibía instrucciones de su Padre. En Juan 5.19 Jesús mismo dijo: «No puede el Hijo hacer nada por sí mismo, sino lo que ve hacer al Padre.» Fue en el sitio de oración donde Jesús escuchó las palabras del Padre con respecto a enseñar a sus discípulos. Fue a través de la oración que la visión de nuestro Salvador fue lanzada por la luz a la eternidad. Y por último, fue en oración que el Hijo de Dios batalló y venció el deseo de autopreservarse, sacrificándose por toda la humanidad.

Nosotros también podemos experimentar poder sobre el yo. Podemos vivir en un espíritu de dependencia y entrega a la voluntad del Padre. Nuestras vidas pueden ser guiadas por la perspectiva eterna de Dios. Pero estas cosas se lograrán únicamente en el lugar donde se llevaron a cabo en la vida de Jesús: en el sitio de oración.

COMPRENDIENDO LAS DISTINTAS ÉPOCAS DE ORACIÓN

Las personas luchan con distintas ideas acerca de la oración. Muchos creen que uno debe encerrarse solo durante horas para experimentar el poder y el beneplácito de Dios.

NUESTRA ETAPA PRESENTE EN LA VIDA DICTA A MENUDO CUÁNDO Y CÓMO ORAMOS.

Por ejemplo, cuando mi hermana se convirtió al cristianismo, era soltera y disponía de mucho tiempo para orar. Ahora está casada y tiene cuatro niños pequeños. Digamos que en su casa no hay tiempo para aburrirse. Si ella se pasara horas encerrada orando, estaría descuidando las otras responsabilidades que Dios le ha dado. En consecuencia, esto requiere una época diferente de oración.

Estoy seguro que ella puede tomarse uno que otro rato para orar en privado. Pero también tiene la oportunidad de practicar su presencia durante el día, cuando realiza sus tareas. La oración es simplemente comunión con Dios por medio de la obra del Espíritu Santo. Por consiguiente, mi hermana puede mantener una actitud de oración en el medio de sus tareas y responsabilidades diarias.

Primera Tesalonicenses 5.17 nos dice: «Orad sin cesar.» Este versículo ha traído condena a muchos de nosotros. Si la oración requiere que me encierre en un cuarto, entonces no podría obedecer nunca este versículo, por lo menos no sin sacrificar otras áreas de mi vida. Pero permítame preguntarle: «¿Se ha preocupado usted alguna vez sin cesar?» Bueno, la parte suya que se preocupa todo el tiempo es la misma que ora.

No importa en qué estemos involucrados, podemos dirigir nuestros pensamientos y corazones hacia Dios, para estar en comunión con Él, no sólo hablándole, sino también dispuestos a escucharlo. Hay momentos en que Dios desea que nos apartemos de todo para orar. Pero es importante que entendamos que esos momentos no debieran violar las otras áreas de nuestra vida sobre las cuales Dios ha depositado valor.

LOS SALVAGUARDAS DENTRO DE LA INTIMIDAD

Nuestra intimidad con Jesús guarda nuestra vida del pecado. Por ejemplo, es imposible que un hombre cometa adulterio mientras mantiene una relación de intimidad emocional con su esposa. Ese hombre deberá alejarse de la intimidad para hacerle lugar a otra mujer. Por eso digo que el adulterio no ataca al hombre como una enfermedad. No sólo tiene que primero imaginarse al adulterio en su mente, sino que también debe reducir su intimidad emocional con su esposa. El mismo principio se aplica a nuestra relación con Dios. Debemos alejarnos sistemáticamente de la intimidad con Él para hacerle lugar al pecado en nuestras vidas.

Deseo animarlo a que acepte su invitación a la intimidad. Cuando usted medite en su Palabra, permita que el Espíritu sople en cada rincón de su alma. Él está esperando. Aun cuando haya pasado algún tiempo desde la última vez que usted ingresó al lugar secreto, sepa esto: Él no está enojado; simplemente lo extraña.

12

Golpee el hierro y deje que vuelen las chispas

En el segundo capítulo comenzamos con una imagen de Pedro luchando con la vergüenza de su fracaso, después de haber negado conocer a Jesús. En su desesperación, había regresado a su ocupación original, la pesca. Puede que sea mi propia especulación, pero creo que Jacobo y Juan se encontraban allí con Pedro dándole ánimo. Casi puedo escuchar a estos dos amigos recordándole a Pedro que Jesús había profetizado su negación aun antes de que esta ocurriera. Pero ellos también le recordaron que Jesús había dicho que sería restaurado e iba a ministrar vida a los demás. Sea lo que fuere que estaba ocurriendo en esa barca, el tema es este: Pedro no estaba solo; tenía dos amigos que estaban con él en la hora dura.

Durante este período difícil, los discípulos se apoyaron más que nunca entre sí. Es un maravilloso ejemplo del poder de las relaciones. *Es posible que Pedro no se hubiera recuperado del fracaso de su pasado tan rápidamente sin el aliento de Jacobo y de Juan.*

El poder de un amigo

Muéstreme los compañeros de un hombre, y yo le mostraré de qué está hecho. Uno de los barómetros espirituales más acertados en la vida de una persona es la gente de la cual se rodea. Al menos, esto es lo que ocurre con nuestros hijos. Como padres nos preocupamos de los amigos que eligen tener. Sabemos que lo que dice en 1 Corintios 15.33 es cierto: «No erréis; las malas conversaciones corrompen las buenas costumbres.» Lo hemos visto en nuestros hijos o en los hijos de nuestros amigos o vecinos. Es muy fácil detectar la influencia negativa de otros. Sus comportamientos huelen a inmadurez.

Desafortunadamente, la influencia negativa que es tan fácil de detectar en los niños es a veces difícil de discernir en los adultos. Me he dado cuenta de que, muchas veces, como adultos, cometemos tres errores importantes:

- Le damos poca importancia al poder de las relaciones.
- Tenemos dificultad en reconocer las relaciones negativas.
- No sabemos cómo desarrollar relaciones piadosas.

Deseo echar una mirada a lo que dicen las Escrituras con respecto al valor de las relaciones sanas, así como también a las dinámicas en el establecimiento y mantenimiento de las relaciones piadosas.

La importancia de las relaciones piadosas

La segunda epístola de Pablo a Timoteo es un maravilloso ejemplo de la importancia de las relaciones piadosas. Timoteo estaba encarando un momento de definición de su vida y de su ministerio. La decisión que tomara en los meses siguientes habrían de afectar mucho su futuro. Observe lo que dice Pablo:

«Huye también de las pasiones juveniles, y sigue la justicia,

la fe, el amor y la paz, con los que de corazón limpio invocan al Señor.»

—2 TIMOTEO 2.22

Cuando leía antes este versículo, no me daba cuenta a menudo de la importancia de estas dos palabras: «...los que». En otras palabras, Pablo le estaba diciendo que mientras que él buscaba cosas que traen vida —la justicia, la fe, el amor y la paz— no debiera buscarlas *solo*. Timoteo necesitaba rodearse de aquellos que también estaban buscando a Dios. El apóstol Pablo sabía que dentro de esas relaciones se crearía un clima propicio para que la gracia de Dios fluyera a través de la vida de Timoteo.

Podemos identificar otro principio importante: debemos buscar mantener relaciones piadosas. Muy rara vez estas ocurren por conveniencia. La única clase de relaciones que se dan por conveniencia son las que generalmente no necesitamos. Es nuestra responsabilidad buscar relaciones sanas. Muchas veces las personas se paran como estatuas y esperan que los demás inicien la relación. Si usted desea tener amigos piadosos, deberá buscarlos.

«ES NECESARIO ESTABLECER RELACIONES SANAS CON OTROS CREYENTES.»

«El hombre que tiene amigos ha de mostrarse amigo.»

—PROVERBIOS 18.24

En Proverbios 27.17 leemos: «Hierro con hierro se aguza; y así el hombre aguza el rostro de su amigo.» De acuerdo con este versículo, existe una cierta dinámica en las relaciones piadosas, cuando nos relacionamos unos con otros como cristianos, intercambiando el fluir de la vida de Dios en nosotros. Entonces cada uno mejorará su relación con Dios. Aquellos que se han rendido a su señorío nos ofrecen una porción del Espíritu y de la sabiduría de Dios que no pudiéramos obtener por nosotros mismos.

He descubierto algo que me ha cambiado la vida: Jesús y yo solo no somos suficiente para escapar a las dificultades de la vida. Sé que esto le debe sonar como una herejía, pero, de acuerdo a las Escrituras, somos parte de un cuerpo y nunca fue la intención de que funcionáramos en forma independiente.

> *«Porque así como el cuerpo es uno, y tiene muchos miembros, pero todos los miembros del cuerpo, siendo muchos, son un solo cuerpo, así también Cristo. Porque por un solo Espíritu fuimos todos bautizados en un cuerpo, sean judíos o griegos, sean esclavos o libres; y a todos se nos dio a beber de un mismo Espíritu. Además, el cuerpo no es un solo miembro, sino muchos.»*
>
> —1 CORINTIOS 12.12-14

El cuerpo no consiste en *un solo* miembro, ¡sino *en muchos*! Para que yo pueda experimentar el total beneficio de la gracia de Dios en mi vida, es necesario que establezca relaciones sanas con otros creyentes.

CÓMO RECONOCER LAS RELACIONES SANAS

A través de toda la Palabra de Dios se nos ordena que abandonemos las relaciones malsanas y que desarrollemos relaciones piadosas. Toda vez que Dios desea bendecirlo, envía alguien a su vida como vehículo de bendición. Toda vez que Satanás desea destruir su vida, envía a alguien como vehículo de destrucción. Las personas que nos rodean nos van a ayudar o nos van a perjudicar. No hay zona neutral en las relaciones.

Varias veces el apóstol Pablo nos advierte que evitemos las amistades destructivas. Fíjese lo que dice en 2 Tesalonicenses 3.14,15:

> *«Si alguno no obedece a lo que decimos por medio de esta carta, a ése señaladlo, y no os juntéis con él, para que se avergüence. Mas no lo tengáis por enemigo, sino amonestadle como a hermano.»*

Aquí vemos el equilibrio entre no exponernos a la actitud contenciosa de alguien y al mismo tiempo intentar acercarnos a él con instrucción piadosa. La razón por la cual se nos instruye a que los evitemos no es porque seamos mejores que ellos, sino porque comprendemos la naturaleza humana y reconocemos que no podemos permitirnos el lujo de ser expuestos a un clima constante de conflicto.

Aquí hay algunas pautas para reconocer relaciones malsanas:

- Están enojados con la vida.
- Constantemente critican a los demás.
- Le recuerdan su pasado.
- Exigen una lealtad desmedida a costo de otras relaciones.

Relaciones sanas:

- Lo desafían positivamente, y construyen su fe en Dios siendo ellos el mejor ejemplo.
- Lo ayudan a recordar la fidelidad y el amor de Dios por usted.
- Son testigos del amor de Dios.
- Lo desafían a vivir una vida piadosa y sencilla.
- Reconocen su potencial y desean verlo alcanzar ese potencial.

Transparencia

El desarrollo de las relaciones piadosas requiere vivir una vida transparente. En Santiago 5 leemos: «Confesaos vuestras ofensas unos a otros, y orad unos por otros, para que seáis sanados» (versículo 16). Primero, deseo calificar el significado de este versículo. El apóstol Santiago no está recomendando que le confesemos nuestros errores al primero que esté dispuesto a escucharnos. Aquellos a quienes confesamos nuestros pecados deben ser maduros en el Señor, capaces de guardar confidencias y espiritualmente equipados para ayudarnos.

Lo que vemos en este versículo es lo sagrado de las relaciones. Creo que la dinámica del poder sanador de Dios se libera no solo por la fe expresada en oración, sino también por la fe *en Dios* que demostramos al ser transparentes.

Uno de los elementos más importantes para experimentar el beneficio total de las relaciones piadosas es la transparencia. Por ejemplo, si alguien está luchando con pecados familiares, una vida transparente será un paso importante para encontrar la libertad y la victoria. Es importante entender que cualquiera fortaleza de pecado se construye sobre el fundamento del engaño. Por lo tanto, los secretos fortalecen la tentación y los pecados familiares. Una trampa común de Satanás es convencernos de que no podemos ser honestos con nadie.

Muchas veces esto es porque fuimos lastimados en el pasado. Como resultado, no queremos volver a ser vulnerables. Tememos que alguien se volverá a aprovechar de nosotros en un momento de debilidad. Desafortunadamente, esto se convierte en una paradoja mortal. Mientras que mantenemos a los demás a la distancia, continuamos haciéndole lugar al engaño en nuestras vidas. Una vez que decidimos que seremos honestos y arrojamos luz a nuestras debilidades, comenzamos a debilitar de inmediato esa fortaleza en particular que nos tenía agarrados.

Recuerdo cuando decidí que me iba a arriesgar a ser vulnerable. Fue un momento de increíble liberación en mi vida. Comencé a experimentar una gran libertad en mi conciencia cuando decidí que mi relación con Dios era más importante que lo que los demás pensaran de mí. Fue entonces cuando decidí a vivir con honestidad delante de mi esposa Bonnie y de los demás.

Esto puede ser difícil al principio. Podemos tener la costumbre de «taparnos» al proyectar la imagen que deseamos que los demás tengan de nosotros. O podemos sentir que no tenemos a nadie con quien ser honestos. A la luz de la importancia que Dios le otorga a una vida transparente, creo que aun cuando sintamos que no podemos confiar en *nadie*, si le pedimos a Dios que nos muestre a alguien, descubriremos que Él nos ha provisto en quién podemos confiar.

Rendición de cuentas

No solo es necesario tener relaciones sanas, sino que si somos transparentes tendremos asimismo que establecer relaciones responsables. Antes de continuar, deseo aclarar una confusión popular con respecto al tema de la rendición de cuentas.

La *rendición de cuentas* no es *servidumbre*. La definición de *servidumbre* en el diccionario es que es un estado de sometimiento a un dueño o amo; falta de libertad personal para actuar como uno lo desea. Existe un solo amo y Señor en nuestra vida; es Aquel que nos compró con su propia sangre. Él es el único con derecho a reclamar una relación de tal magnitud. Si entramos en una relación de servidumbre con los demás, les estamos dando un lugar que sólo le corresponde a Dios. Por lo tanto, ser responsables en una relación no exige que le rindamos nuestra voluntad a la otra persona.

El propósito de la responsabilidad es ayudar a fortalecer nuestra relación *con Dios*. No es con el propósito de desarrollar una relación codependiente a *costo* de nuestra relación con Dios. A muchas personas les encantaría controlar su vida. Estas personas conocen bien las Escrituras y las utilizan para exigirle cosas fuera de lugar a los demás. Generalmente ocultan esas exigencias bajo el velo de «autoridad espiritual», exigiendo obediencia que ellos definen como «lealtad» al hombre de Dios. Pueden, incluso, llegar a decirle que sus consejos son los únicos que usted debiera escuchar; y si usted no los sigue será acusado de estar en rebelión y abierto a la destrucción de Satanás.

El problema es que este concepto ignora completamente a Proverbios 11.14, el cual declara que «en la *multitud* de consejeros hay seguridad» (cursivas añadidas). Sea cual fuera la fuerza espiritual que usted sienta que desarrolla en semejante relación de autoridad extrema y aislada, es en realidad una ilusión. No es el poder del Espíritu obrando en su vida; es el resultado de una atadura del alma. Su fe y su confianza están depositados en la aceptación y aprobación de otro hombre, no en su confianza en Jesús. Por consiguiente, si esa relación se estropea, entonces se sentirá ahogado en un mar de dudas, temores y confusión.

Una relación de responsabilidad sana es la que lo dirige hacia una relación de mayor intimidad con Cristo. Tal relación lo animará a que asuma responsabilidad por su propia relación con Dios, así como por sus propias elecciones en la vida.

El rendir cuentas a los demás es la elección de exponernos a la sabiduría y el consejo de otros que son espiritualmente maduros. Cuando comprendemos esta responsabilidad vamos a buscar de buena gana el consejo piadoso de los demás. Y asumiremos nuestra propia responsabilidad de escuchar y elegir lo que corresponde.

Deseo alentarlo a que comience a desarrollar relaciones de responsabilidad y transparencia, en las que haya rendición de cuentas. Pídale al Espíritu Santo que le muestre aquellas personas que Él ha traído a su vida. No solo las que son el vehículo de su bendición, sino también las que usted pueda bendecir. Descubra el poder de Dios que se encuentra en las relaciones piadosas. ¡Marche adelante, golpee ese hierro y deje que vuelen las chispas!

13

El poder de la coherencia

Hay un pastor amigo con el cual me gusta pasar el tiempo. Ha sido el pastor de la misma iglesia por muchísimos años. Cuando estoy con él puedo sentir la fuerza espiritual de su coherencia. Ha tenido miles de oportunidades de renunciar; ha enfrentado adversidades por todos los frentes. Sin embargo, por cada oportunidad que tuvo de renunciar, eligió continuar con el propósito de Dios para él. La fuerza de su vida no reside solamente en que haya sido el pastor de la misma iglesia. En su perseverancia, realizó elecciones que protegieron su integridad. Como resultado, cuando estoy con él percibo una profundidad de carácter que me resulta contagiosa. Las cicatrices de la vida, acompañadas por el carácter, hacen que la coherencia, la vida consistente, sea una fuerza espiritual. La coherencia no es glamorosa, pero sí una clave esencial para nuestra salud y fortaleza espiritual.

En 2 Timoteo 2.22 leemos: «Huye también de las pasiones juveniles, y sigue la justicia, la fe, el amor y la paz, con los que de corazón limpio invocan al Señor.» Advierta la primera parte del versículo: «Huye también de las pasiones juveniles.» La mayoría de las veces interpretamos este versículo dentro de una connotación sexual. Sin embargo, otra forma de interpretarlo sería: «huye de las pasiones de la juventud», o «huye de los pecados de la inmadurez». Normalmente pensamos acerca del deseo dentro de una connotación sexual. En realidad, el deseo es toda pasión excesiva que se convierte en una fuerza impulsora en nuestras vidas y que nos impide poder ser coherentes.

¿Cuáles son los pecados de inmadurez? Creo que de acuerdo a las Escrituras son el *descontento* y la *impaciencia*. Mientras que estas dos características obren libremente, no podremos tener una vida coherente.

DESCONTENTO

El *descontento* proviene de una insatisfacción con las circunstancias presentes de nuestra vida. Hay una línea muy fina entre el hambre espiritual y el descontento. Si no tenemos la sabiduría de Dios, no podremos discernir entre los dos. Como resultado, comenzamos a quitar nuestra confianza en la Palabra de Dios y la colocamos en fuentes terrenales para lograr cambios. Una buena definición de *descontento* es «la creencia de que la Palabra de Dios ya no es suficiente». A través del descontento, Satanás se convirtió en el dios de este mundo. ¿De qué otra forma fue posible tentar a dos personas que vivían en el Paraíso? Satanás no podía tentarlas con las preocupaciones de este mundo, ya que ellos no poseían necesidades físicas. No podían ser tentados con el adulterio, ya que no habían otras personas sobre la tierra.

Satanás tenía que convencerlos de que Dios «les estaba ocultando cosas», de que había algo que debían tener y que Dios no les permitía poseer. Se pusieron descontentos; como resultado, pudieron justificar su desobediencia.

Cuando las promesas de Dios en cuanto a nuestro futuro, así como también nuestro presente, nos parecen insuficientes, comenzamos a emplear otros métodos para asegurar el futuro que creemos merecer. *Cuando realizamos esto, significa siempre que nuestra integridad quedará comprometida.* El descontento es ciertamente un síntoma de «deseos juveniles». Observe lo que el apóstol Pablo dice en Filipenses 4.11: «No lo digo porque tenga escasez, pues he aprendido a contentarme, cualquiera sea mi situación.» En 1 Timoteo 6.6 leemos: «Pero gran ganancia es la piedad acompañada de contentamiento.»

Impaciencia

El segundo enemigo de la coherencia es la *impaciencia.* Ella consiste, simplemente, en negarnos a confiarle a Dios nuestro futuro. La impaciencia nace cuando vemos el tiempo como un enemigo y no como un amigo. Mientras lo veamos así, nunca podremos aceptarlo ni permitir que la paciencia haga su perfecta obra.

Por ejemplo, puede haber áreas de nuestra vida que no nos gusten. Muchas veces, hay cosas que han sido parte de nuestra vida por muchos años; no van a cambiar del día a la noche. El cambio requiere *tiempo.* El tiempo es un elemento que Dios ha reservado para su soberanía.

Permítame que le explique. Nadie sabe el día ni la hora en que vendrá Jesús; ni aun Jesús mismo lo sabía. Dios ha reservado este gran acontecimiento dentro de su soberanía. Con asuntos del tiempo (¿durante cuánto tiempo...?, ¿cuándo...?), Dios exige que confiemos en Él. Dios solamente nos da claves: «pronto», «en poco tiempo» o «rápido». Rara vez nos da la hora o momento exacto en que va a ocurrir.

La Biblia dice que cuando le permitimos a la paciencia realizar su obra perfecta, maduramos y no carecemos de nada (Santiago 1.4). Si soy impaciente, no puedo ser coherente. Voy a estar siempre buscando atajos en la vida y no voy a seguir adelante con nada. La paciencia me permite exponer esas áreas de debilidad en mi vida. Jesús dijo: «Con vuestra paciencia ganaréis vuestras almas» (Lucas

21.19). Cuando me someto a la fuerza de la paciencia, expreso mi confianza en la fidelidad de Dios. Libero asimismo a la dinámica de la coherencia.

LA COHERENCIA: UN REGRESO A LO BÁSICO

La coherencia es una dinámica poderosa y necesaria en nuestras vidas. Proporciona un lugar donde reconocer y aprender las lecciones del pasado. Cuando administramos fielmente los principios de la Palabra de Dios, comenzamos a identificar en qué lugar del pasado empezamos a desviarnos de lo fundamental de la fe. Es necesario que comprendamos esto para no repetir nuevamente los mismos errores del pasado. He aprendido, por experiencia personal, que cuando Satanás hace naufragar nuestra fe no es nunca sobre alguna revelación profunda. Es siempre en el área de las cosas básicas.

Permítame darle un ejemplo. Michael Jordan contó una vez por qué, después de algunos años, muchos jugadores de la liga profesional de baloncesto experimentan dificultades en su actuación en el campo de juego.

Él dijo que, a través de su carrera, muchos de ellos se confían en su físico y en su fuerza. Pero cuando comienzan a envejecer y a volverse más lentos, los jugadores jóvenes por el contrario se vuelven más rápidos y fuertes. Como resultado, los veteranos ya no pueden tener una actuación tan buena como antes. ¿Cuál es la razón? Jordan explicó que al principio de sus carreras no le dieron importancia a las cosas básicas. O sea, las cosas fundamentales. Es un hecho cierto que muchas cosas cambian con el tiempo. Sin embargo, lo que nunca cambia son las cosas básicas; lo único que cambia con respecto a estas cosas es la atención que les brindamos.[3]

Lo mismo ocurre con el cristianismo; si descuidamos los elementos básicos de la fe (la oración, la meditación en las Escrituras, las relaciones piadosas, la fidelidad y la obediencia, por ejemplo), Satanás puede infiltrarse nuestras vidas con engaño e incluso destrucción.

¡La coherencia es el cultivo de lo básico! Eso guarda la realidad de Jesús en nuestros corazones y le da libertad de expresión a lo básico en nuestras vidas. La Palabra de Dios se convierte en algo relevante y activo en nuestros hogares. Por ejemplo, dado que la coherencia requiere paciencia, nuestras almas están adiestradas a sujetarse a la sabiduría de Dios. Es a través de la coherencia que podemos experimentar la sabiduría de Dios. Como vimos en el capítulo 11, por medio de la oración *escuchamos* y *vemos* la sabiduría de Dios. Sin embargo, sólo a través de la coherencia podemos *experimentar* el poder de su sabiduría. Hay una enorme diferencia entre estas dos cosas. Una permite que su vida fluya a través nuestro; la otra no es nada más que conocimiento hueco.

«EL DESCUIDO DE LOS ELEMENTOS BÁSICOS DE NUESTRA FE LE PERMITE A SATANÁS INFILTRAR NUESTRAS VIDAS CON ENGAÑO E INCLUSO DESTRUCCIÓN.»

Una vez que percibimos su sabiduría, debemos permitirle que se exprese en el proceso cotidiano de tomar decisiones. Si no, lo que hemos visto y escuchado en oración no será más que una aprobación intelectual. Esta es la razón por la cual muchos cristianos reciben conocimientos maravillosos cuando leen las Escrituras, pero no pueden experimentar el poder de esos mismos principios en sus vidas cotidianas. Cuando aplicamos coherentemente nuestras vidas a sus verdades, en especial cuando enfrentamos la adversidad, su carácter se forma en nosotros. Es entonces cuando estos conocimientos se traducen en disciplinas personales, transformando nuestras vidas a su imagen.

LA DINÁMICA DE LA FIDELIDAD

Cuando hablamos de coherencia debemos hablar de fidelidad. En 1 Corintios 4.1,2 leemos:

> *«Así, pues, ténganos los hombres por servidores de Cristo, y administradores de los misterios de Dios. Ahora bien, se requiere de los administradores, que cada uno sea hallado fiel.»*

En Mateo 25.14-29 leemos acerca de la parábola de los talentos. Esta extensa parábola contiene varios principios relacionados a la fidelidad. Para empezar, cada uno de los tres siervos tuvo la misma oportunidad, aun cuando no se les entregó la misma cantidad de dinero. Ellos tuvieron la oportunidad de administrar fielmente el dinero de su amo, de acuerdo a su propia capacidad y no a la de los otros dos siervos. La forma en que el amo midió la fidelidad de cada uno fue según la forma en que incrementaron el dinero; sin embargo, no esperaba que el siervo con un talento produjera la misma cantidad que el siervo con diez talentos. Él sólo esperaba que sus siervos produjeran.

Cuando observamos al siervo que recibió un solo talento, vemos que tenía ciertas percepciones que paralizaron su capacidad para ser fiel. Observe lo que dice en Mateo 25.25: «...por lo cual tuve miedo, y fui y escondí tu talento en la tierra; aquí tienes lo que es tuyo.» El siervo dice que tuvo «miedo». El temor nubló su perspectiva de vida. Primero de todo, pienso que el siervo luchó con el miedo al fracaso. El temor a tratar de hacer algo, para luego experimentar una derrota. Por consiguiente, el siervo prefirió arriesgarse con el amo que enfrentar los temores dentro de su alma que lo sentenciaban a un vida mediocre. *Debemos conquistar nuestro temor a la derrota para que nuestras vidas sean un reflejo de fidelidad.*

Muchos conocen las dificultades que rodearon la vida de Abraham Lincoln, pero su vida es un perfecto ejemplo de alguien que no temía la derrota. En 1831 Lincoln fracasó en una empresa de negocios. En 1832 decidió presentarse como candidato a la legislatura, pero fue derrotado. En 1833 Lincoln trató de hacer un negocio nuevamente, pero sufrió otra derrota. En 1834 fue finalmente electo para la legislatura. En 1836, un año después de que su amada esposa hubiera fallecido, Lincoln sufrió un colapso nervioso. En 1838 fue derrotado como Presidente de la Cámara. En 1840 fue derrotado como miembro del Colegio Electoral así como también perdió en la contienda para el Congreso en 1843. Fue finalmente electo para el Congreso en 1846, pero fue derrotado para el mismo cargo en 1848. Lincoln se presentó como candidato para el Senado en 1858, pero perdió la elección. Por último, en 1860, Abraham Lincoln fue elegido Presidente de los Estados Unidos de Norteamérica.

Booker T. Washington dijo una vez: «El éxito no se puede medir tanto por las posiciones que uno haya obtenido en la vida, como por los obstáculos que uno haya tenido que vencer mientras trataba de triunfar.» La vida de Abraham Lincoln ciertamente es un ejemplo de esta verdad. Y cuando el futuro de nuestro país estaba en juego a causa de la Guerra Civil, fue la sabiduría del presidente Lincoln, un hombre familiarizado con las dificultades, lo que le trajo sanidad a nuestra nación.

Él no estaba solo. Muchos hombres de la historia no se dieron por vencidos y permitieron que la fidelidad y la coherencia trajeran una eventual victoria. George Frideric Handel había perdido su salud, se encontraba paralizado de un lado y en la bancarrota cuando escribió el inmortal «Hallelujah». Cuando Thomas Edison inventó la bombilla de luz, estaba casi sordo. John Milton estaba casi ciego cuando escribió *El Paraíso Perdido*. Beethoven continuó escribiendo sinfonías después de quedar sordo.

En Proverbios 24.16 leemos: «Porque siete veces cae el justo, y vuelve a levantarse; mas los impíos caerán en el mal.» Dios no desea castigarnos, sólo perfeccionarnos. La verdad del asunto es que la coherencia se demuestra cuando nos levantamos después de una caída. Una vez que lo hacemos, depositamos nuestra fe en su misericordia y por medio de su Espíritu nos proponemos hacerlo bien la próxima vez.

Otro principio importante es que el miedo hizo que el siervo tuviera una imagen distorsionada de su amo. Por el temor, el siervo supuso automáticamente que el amo era un hombre injusto. Este miedo lo condujo a tratar con desprecio aquel objeto de valor que su amo le había confiado. Tomó el dinero y lo enterró. El miedo siempre nubla nuestra capacidad de reconocer aquellas cosas que tienen verdadero valor. El miedo nos hace tratar con desprecio las cosas que son de valor, tales como las relaciones, las responsabilidades, el matrimonio, la familia o el porvenir. El temor nos ciega porque estamos absorbidos por nosotros mismos. Vemos a los demás como responsables por nuestros fracasos y asumimos una mentalidad de víctima.

¿Hay algo de valor en su vida que el miedo lo ha llevado a enterrarlo en el lodo de la vergüenza? ¿Existen dones, talentos y habilidades que Dios le ha dado y que usted los ha enterrado en su propia oscuridad personal? Quizás tenga una relación de amistad, pero el miedo al rechazo le impide ver su valor. Quizás su matrimonio ha ido de mal en peor y el miedo al divorcio lo ha llevado a «tirar la toalla». ¿Qué tiene aún de valor? Su voluntad. Su capacidad para elegir y para creer.

Victor Frankle, después de haber sido capturado y

encarcelado por los nazis, perdió todo lo que tenía, hasta su familia. Sin embargo, cuando yacía en su celda se dio cuenta de que había algo que el enemigo no le podría quitar jamás. Había algo de inmenso valor que ningún hombre le podía sacar: su poder de elección. Victor Frankle tenía aún la capacidad de elegir. Elegir perdonar y no convertirse en una víctima del odio. Elegir la compasión y permitir que el amor de Dios le guarde su corazón de la amargura.

Usted tiene esa misma elección hoy. La voluntad humana tiene algo de sagrado que nos eleva más allá de lo común y otorga dignidad y nobleza a nuestras vidas ordinarias.

La coherencia requiere resistencia

A menudo parece como que la vida se nos cae a pedazos a nuestro alrededor. A veces sentimos que podemos manejar la situación y tratamos de atravesar el oscuro túnel de pruebas y dificultades con nuestro razonamiento; otras veces nos parece que nunca jamás veremos «la luz del día». Negocios que se hunden en el pozo de una mala economía... matrimonios carentes de pasión... informes médicos que silenciosamente gritan la palabra «cáncer»... cuentas que suman una pila más alta que la libreta de cheques... no sabemos qué vamos a hacer. Nos desesperamos. Enfrentamos los paredones de piedra de la vida mientras que la voz del mundo nos susurra con crueldad: «¡No hay esperanza!»

En momentos como esos es crucial que nuestra vida tenga coherencia. En 2 Timoteo, la Palabra de Dios nos brinda esperanza y sabiduría para aquellos momentos «cuando la vida parece demasiado dura». Permítame darle algunos antecedentes acerca de la situación de Timoteo.

Él vivía en una época en que la persecución contra los

cristianos estaba peor que nunca. Se podía oler la sangre en la ciudad de Éfeso donde Timoteo pastoreaba. Proliferaban el miedo y la autopreservación. Varios de sus colaboradores más confiables habían abandonado la fe para salvar sus vidas. Timoteo mismo estaba luchando con sus propios sentimientos de pánico.

Sin embargo, en el medio de todo esto, Pablo le dice: «Tú, pues, sufre penalidades como buen soldado de Jesucristo» (2 Timoteo 2.3). En esencia, lo que Pablo le decía era: «No esperes que las cosas se mejoren; ¡tú decide ser más fuerte!»

Esta filosofía le pega en la cara al cristianismo americano moderno. Muchas veces pensamos que cuanto más fácil es la cosa, tanto más Dios está involucrado en el asunto. Si es fácil e indoloro, debe ser de Dios. Como resultado, nos vamos a encontrar buscando el camino del menor esfuerzo, a menudo comprometiendo nuestros principios en el proceso.

El tema es que Jesús nunca nos prometió una vida libre de pruebas. En realidad, la Palabra de Dios indica lo contrario:

> *«Y también todos los que quieren vivir piadosamente en Cristo Jesús padecerán persecución.»*
>
> —2 TIMOTEO 3.12

> *«A fin de que nadie se inquiete por estas tribulaciones; porque vosotros mismos sabéis que para esto estamos puestos.»*
>
> —1 TESALONICENSES 3.3

Jesús mismo dijo en Juan 16.33: «En el mundo tendréis aflicción; pero confiad, yo he vencido al mundo.» Él dice: «Tengan coraje; yo he vencido a aquello mismo que os está afligiendo.»

Debemos recordar quién es nuestro General

En 2 Timoteo 2.4 leemos: «Ninguno que milita se enreda en los negocios de la vida, a fin de agradar a aquel que lo tomó por soldado.» Pablo le está advirtiendo a Timoteo: «Cuando piensas que no lo puedes lograr, considera quién es tu General.» Le recuerda: «Recuerda quién te tomó como soldado.»

A través de toda la historia, por cada gran hombre encontramos su homólogo. En el campo de la filosofía podemos ver un paralelo entre Sócrates y Platón o podemos igualar a Aristóteles con Cicerón. En el campo de la poesía hay quienes dicen que ciertos poemas de Alfred Lord Tennyson son de la estatura de la obra de Henry Longfellow. Lo mismo ocurre con las obras de John Masefield y Robert Burns, el brillante poeta escocés.

En el campo de la literatura, John Milton, el poeta ciego que escribió clásicos tales como *El paraíso perdido,* fue tan prolífico como William Shakespeare, el poeta inmortal de Avon. En el área de la oratoria, Horace Greeley, quien dijo: «¡Vé al oeste, joven; vé al oeste!» puede ser igualado a William Jennings Bryan, cuyo slogan era: «No crucificarás a la humanidad sobre una cruz de oro.» En el campo del arte de gobernar podemos igualar a Abraham Lincoln con George Washington. Podemos trazar un paralelo entre Thomas Jefferson y Henry Clay o entre Robert E. Lee y John Adams.

En el campo de la predicación John Knox, quien oró: «Dénme Escocia o moriré», puede ser igualado a Martín Lutero, quien clavó sus tesis en la puerta del enemigo. Tenemos hombres tales como Dwight Moody comparado con George Whitefield, o John Wesley con John Calvin.

Sin embargo, cuando se trata de Jesús, Él no tiene comparación. En Mateo 12.42 leemos:

«La reina del Sur se levantará en el juicio con esta generación, y la condenará; porque ella vino de los fines de la tierra para oír la sabiduría de Salomón, y he aquí más que Salomón en este lugar.»

Jesús no tiene parangón. No tiene paralelo. Se erige solo: supremo, único, augusto. Es el fenómeno más grande que haya aparecido jamás en el horizonte de la humanidad. Todas las comparaciones y metáforas apenas bordean su incomparable gloria. Este Cristo sagrado es Aquel en quien se unen todas las victorias y todos los sufrimientos. Su nombre florece en las páginas de la historia como un millón de jardines, combinando toda su belleza en un solo ramo de flores. Su nombre resuena en los corredores del tiempo como miles de coros, visibles e invisibles, volcando sus voces en un gran himno. Su presencia es una especia que perfuma cada continente y cada grupo humano. Cada uno de sus huesos es una escultura divina. Cada uno de sus latidos es pulso divino y cada uno de sus nervios es escritura divina.

Es el Anciano de días. Es la imagen del Dios invisible, el primogénito de toda la creación. Es el jinete que monta el caballo blanco, vestido de una ropa teñida de sangre con la inscripción: «Rey de reyes y Señor de señores.» Su cabello es como la nieve y sus ojos como llamas de fuego. De su boca sale una espada aguda de doble filo y su voz es como el estruendo de muchas aguas. (Véase Apocalipsis 19.11-16.)

Él habita la eternidad. La fidelidad de Dios se encuentra establecida en su cualidad eterna. Dado que Él es eterno, trasciende las limitaciones del tiempo. Él está siempre aquí; vive en la dinámica del ahora. Y sin embargo, existe otra importante cualidad de lo eterno. La eternidad no se encuentra sujeta a las leyes del incremento y la disminución. Él no cambia sino que es constante. Aun cuando nosotros no somos fieles, Él lo es; no cambia y su Palabra contiene su vida y su amor.

Él construye sobre lo que es eterno y no sobre lo temporal. Lo que Él ha llevado a cabo en nuestros corazones y por nosotros es eterno. Nuestro pasado, nuestros pecados y nuestros fracasos son temporales. Cuando vivimos en la vergüenza del pasado, le damos más importancia a nuestros fracasos que al poder de su sangre. Celebramos nuestro pecado por encima de su victoria. Debemos aprender a celebrar lo que Él celebra. ¡Y Él nos celebra a nosotros! Con todas nuestras debilidades, imperfecciones y fracasos somos aún el objeto de su gozo.

Vestimos sus colores, llevamos su imagen y empuñamos sus armas. ¿Piensa usted que si elegimos creer, soportar las pruebas y pelear, existe alguna posibilidad de perder? Tenemos la misma probabilidad de perder que *nuestro General.*

Podemos ser coherentes. Cuando lo somos, libramos su capacidad en nosotros. No hay que ser un genio para lograrlo. Sin embargo, es posible que tengamos que ponernos de pie. Y quizás debamos poner un pie delante del otro hasta cruzar la línea de llegada. ¡La buena noticia es que lo podemos lograr, porque Él ya nos ha garantizado la victoria!

Lo desafío a que adopte la disciplina de la coherencia. Resista la tentación de vivir controlado por lo urgente. Decida que el tiempo es su amigo y que el contento sea la marca de su vida. Es por medio de la coherencia que podemos continuar distanciándonos de nuestro pasado. Es por medio del poder de la coherencia que podemos aceptar las consecuencias del pasado.

Me di cuenta de que en mi vida no iba a poder realizar un gran acto de santidad y deshacer las consecuencias de mis acciones pasadas. Fue «línea a línea» que pude sobrevivir el pasado. ¡La coherencia y la paciencia *siempre* libran la dinámica de Dios y nos permiten caminar paso a paso en victoria!

NOTAS

1- A.W. Tozer, *The Knowledge of the Holy* (San Francisco: Harper, 1992), n.p.
2- La carta del Dr. Robert McQuilken es una cita del libro de Richard Expley, *The Making of a Man* (Tulsa, OK: Honor Books, 1993), n.p.
3- Michael Jordan, *I Can't Accept Not Trying* (San Francisco: Harper San Francisco, 1994).

Si desea mayor información acerca de
Mike y Bonnie Fehlauer o su ministerio,
sírvase escribir a:

FOUNDATION MINISTRIES
P.O. Box 3099
Colorado Springs, CO 80934 - EE.UU.

Teléfono 719-635-2064

noon
382 5626